世界哲學家叢書

海德格

項退結————編著

傅偉勳、韋政通————主編

東大圖書公司

《世界哲學家叢書》總序

　　本叢書的出版計畫原先出於三民書局董事長劉振強先生多年來的構想，曾先向政通提出，並希望我們兩人共同負責主編工作。一九八四年二月底，偉勳應邀訪問香港中文大學哲學系，三月中旬順道來臺，即與政通拜訪劉先生，在三民書局二樓辦公室商談有關叢書出版的初步計畫。我們十分贊同劉先生的構想，認為此套叢書（預計百冊以上）如能順利完成，當是學術文化出版事業的一大創舉與突破，也就當場答應劉先生的誠懇邀請，共同擔任叢書主編。兩人私下也為叢書的計畫討論多次，擬定了「撰稿細則」，以求各書可循的統一規格，尤其在內容上特別要求各書必須包括(1)原哲學思想家的生平；(2)時代背景與社會環境；(3)思想傳承與改造；(4)思想特徵及其獨創性；(5)歷史地位；(6)對後世的影響（包括歷代對他的評價），以及(7)思想的現代意義。

　　作為叢書主編，我們都了解到，以目前極有限的財源、人力與時間，要去完成多達三、四百冊的大規模而齊全的叢書，根本是不可能的事。光就人力一點來說，少數教授學者由於個人的某些困難（如筆債太多之類），不克參加；因此我們曾對較有餘力的簽約作者，暗示過繼續邀請他們多撰一兩本書的可能性。遺憾的是，此刻在政治上整個中國仍然處於「一分為二」的艱苦狀態，加上馬列教

條的種種限制，我們不可能邀請大陸學者參與撰寫工作。不過到目前為止，我們已經獲得八十位以上海內外的學者精英全力支持，包括臺灣、香港、新加坡、澳洲、美國、西德與加拿大七個地區；難得的是，更包括了日本與大韓民國好多位名流學者加入叢書作者的陣容，增加不少叢書的國際光彩。韓國的國際退溪學會也在定期月刊《退溪學界消息》鄭重推薦叢書兩次，我們藉此機會表示謝意。

原則上，本叢書應該包括古今中外所有著名的哲學思想家，但是除了財源問題之外也有人才不足的實際困難。就西方哲學來說，一大半作者的專長與興趣都集中在現代哲學部門，反映著我們在近代哲學的專門人才不太充足。再就東方哲學而言，印度哲學部門很難找到適當的專家與作者；至於貫穿整個亞洲思想文化的佛教部門，在中、韓兩國的佛教思想家方面雖有十位左右的作者參加，日本佛教與印度佛教方面卻仍近乎空白。人才與作者最多的是在儒家思想家這個部門，包括中、韓、日三國的儒學發展在內，最能令人滿意。總之，我們尋找叢書作者所遭遇到的這些困難，對於我們有一學術研究的重要啟示（或不如說是警號）：我們在印度思想、日本佛教以及西方哲學方面至今仍無高度的研究成果，我們必須早日設法彌補這些方面的人才缺失，以便提高我們的學術水平。相比之下，鄰邦日本一百多年來已造就了東西方哲學幾乎每一部門的專家學者，足資借鏡，有待我們迎頭趕上。

以儒、道、佛三家為主的中國哲學，可以說是傳統中國思想與文化的本有根基，有待我們經過一番批判的繼承與創造的發展，重新提高它在世界哲學應有的地位。為了解決此一時代課題，我們實有必要重新比較中國哲學與（包括西方與日、韓、印等東方國家在內的）外國哲學的優劣長短，從中設法開闢一條合乎未來中國所需

求的哲學理路。我們衷心盼望,本叢書將有助於讀者對此時代課題的深切關注與反思,且有助於中外哲學之間更進一步的交流與會通。

最後,我們應該強調,中國目前雖仍處於「一分為二」的政治局面,但是海峽兩岸的每一知識分子都應具有「文化中國」的共識共認,為了祖國傳統思想與文化的繼往開來承擔一份責任,這也是我們主編《世界哲學家叢書》的一大旨趣。

傅偉勳　韋政通

一九八六年五月四日

自　序

　　接觸到海德格著作的最初幾年，我祇把這件事當作生命中的一個小插曲。事情的發展結果，卻使我一而再再而三地開海德格思想的課，被迫閱讀那些令人望之卻步的海氏著作，最後居然完成了以《海德格》為名的一本書。這真是海氏所云「被投擲性」的最典型註腳。海德格對二十世紀思想界的影響力之深遠，可謂希有其匹：哲學界以外，他影響到當代的心理分析、人文心理學、天主教與基督教的神學、歷史學與文藝批判理論。基於這一切，能夠替中國學術界提供這樣的一本書，我的辛勞已有了十足的酬報。

　　我從正式下工夫讀海德格著作至今，匆匆已十九個年頭；其間在臺大、政大、輔大開這門課，總共可能達十次之多（可參考本書第一章）。但要寫一冊介紹海德格思想的書，仍覺得是一副沉重的負擔。因為上課前所寫的摘要終究屬於臨時性，上課時的詳細發揮才是主要的。寫成一書就不同了，必須原原本本交代清楚。然而海氏的著作與思想卻很難把握。因此每次開始寫新的一章，都覺得如臨大敵。我寫稿時本來就有塗改增添的習慣；撰寫此書時可以說是變本加屬。但自信已澄清了一些問題，並替繼起者提供了可循的途徑。唯掛一漏萬，在所難免，敬希海內外讀者匡正為幸。

　　依據我自己的經驗，思想的澄清過程雖有賴於前人著作的閱讀

與批判性的反省，對同學講解時突然來臨的靈感以及同學所提的問題都非常有幫助。儘管這學年我在休假，但我深信授課有裨於本書的撰寫，所以仍替輔大哲學研究所開「海德格與多瑪斯·亞奎那」一課。正式修課者雖僅區區四人，但他們每堂課熱烈地提出的疑問，卻非常有助於問題的澄清。他們和以前許多同學所提的疑點，很可能也都已溶化在書中。

附帶也必須一提：《世界哲學家叢書》總編輯傅偉勳先生起初邀請我參預盛舉時，原來建議我寫另一本書。但我一表示希望寫《海德格》，他立刻就欣然首肯。後來他才讓我知道，這原是他保留給自己的題材。傅先生的屈己從人，於此可見一斑。說句實話，遠在我以先，他就苦心研讀海德格著作，最遲也應該是在民國四十九年念夏威夷大學研究所時。以後他在國外執教，也曾開「道家、禪宗與海德格」等課。他的高足海因 (Heine) 博士，就在他指導下寫了涉及海德格與道元之時間觀的論文。因此照理說他更有資格寫這本書。

為便於前後徵引，我向東大圖書公司建議，讓本書採用號碼代替第幾章第幾節第幾目……的寫法。海德格許多專用名詞的意義和習用的意義有極大距離。因此本書廣泛引用前面的章節，以便於前後呼應。偶而在前面的章節中也會引用後面的章節。

最後，我很感激余國良同學編了人名與專門名詞索引。

項 退 結

民國七十八年元月於仙跡岩下

海德格

目次

1. 導引：與海德格思想的交往經過

　　首次聽到海德格的大名是在義大利米蘭聖心大學。那時（五十年代初期）正是存在主義鼎盛於歐洲的時期：沙特與馬賽爾都為人所津津樂道。當時我已耳熟能詳，這二位哲學家都喜歡用戲劇與文藝表達他們的哲學思想，尤其表達他們對抉擇的看法。由於這些思想都導源於祁克果，所以當時的一位女教授曾在「非理性思潮」的一門課中對他作詳細介紹。既然講起存在思想，就不能不提及海德格。但他的名字在形上學課中尤其響亮；主要是因為他討論存有問題。當時我所知的是：他所云的存有與亞里斯多德的大異其趣。

　　在米蘭考取學位以後，我在奧地利及西德繼續研究。五十年代末期，遠在美國的幾位朋友發起，要共同出一本介紹當代西洋哲學的書。我當時既在西德，所以他們要我研究當時最負盛名的海德格。但是我那時對海德格一竅不通，所以並沒有答應。要如當時我對他的哲學感到興趣，說不定會透過蕭思毅教授（當時我們早已熟悉）而設法去拜訪海德格。真是「有緣千里來相逢，無緣對面不相識」。

　　一直到臺灣也興起一股存在主義熱潮時，我才決心要深入研究幾位最重要的存在思想家。我發心要直接透過原著的鑽研而對這二十世紀初期的存在思想有真的了解。這樣我就先從研讀祁克果開始，繼而研讀雅士培，以後就輪到海德格。讀了一些導論之類的書以後，我就知道，非埋首於海氏《存有與時間》一書根本無法進入情況。這樣我就由輔大圖書館借來一本德文原著，開始苦讀起來。那是民國五十八年一月的事。我和海氏本人無緣，但對他的思想卻似乎還蠻有緣份。

現在回想起來,我可以把和海德格思想的交往約略分成二個時期。前一時期可以稱為嘗試的起步,後一時期則可稱為進一步的理解。

1.1 嘗試的起步

一開始接觸到《存有與時間》,我立刻就覺得極大的困擾。我閱讀德文書籍,當時已有十五年的經驗,而且還發表過二本德文書。我也知道閱讀哲學書與閱讀小說有別,必須聚精會神。但有生以來尚未接觸過一本這麼難讀的書:最大的問題是這本書所應用的哲學名詞,幾乎每一個都被賦以新的意義,因此很難抓到《存有與時間》每章每節究竟討論什麼。我既非不懂德文,更不肯承認自己不懂哲學。那末,為什麼這本書會像是無字天書呢?這就使人感到莫名的挫折。我自己有過這個經驗,所以很理解《西洋哲學與哲學家簡要百科全書》❶ 在介紹海德格時,會不客氣地作如下的認定:「海德格在第二次大戰後的巨大影響力可歸結於下列四種因素:一、海氏討論一些人人所關切的現象,即人的存在、掛念、關切、良心、責任、憂懼、死亡、決斷等等;二、戰後大家對這些題材的興趣特別濃厚;三、海氏應用一些看去似乎很嚴格的規格和特有的術語,使人覺得他很夠學術水準;四、他善於引起興奮而保存神妙莫測的氣氛。然而,這表面的嚴格、學術性和神妙莫測不過是安徒生童話中『皇帝的盛服』而已。」的確,當你一再閱讀海德格的書而始終不得其解時,很容易會告訴自己:作者自己也不知所云,本來就沒有意義。

---

❶ J. O. Urmson, *The Concise Encyclopedia of Western Philosophy and Philosophers*, New York: Hawthorn Books, 1960, p. 162.

儘管我那時的感受和這位作者大同小異，我還是鍥而不捨，整整花了八個月的時間讀完，寫成〈海德格的存有與時間〉❷ 一文。

由於海氏一再強調，他所真正關心的是存有問題，所以我又繼續研讀〈什麼是形上學〉以及《形上學導論》等書。結果大失所望，因為他不能滿足我那時的期望，始終無法建立起「絕對普遍而適用於一切存有者的超越概念」。未幾，我又發表了〈海德格的存有論〉一文，主張「海德格從壯年到老年所寤寐思服的存有概念與存有論的建立，終究不過是海市蜃樓而已」❸。寫這句話時，我還不曾見到有人把他的哲學譏為「皇帝的盛服」。二個比喻真可謂異曲同工。

未幾，我又讀到考夫曼在《一位特異者的信仰》中對海德格的批評。他以為一般人對海德格的態度可歸納成以下四種類型：一、大部份人根本忽視他。二、稍微接觸過他的作品，發現極難把握，認為自己慧根欠深。三、有些人雖覺得很難理解，卻硬著頭皮去研究。成為哲學教授以後，不得已祇好說：「尚有許多地方未能了解，但我將以一生時間去了解它。」四、許多美國知識份子道聽途說，以為值得聆聽。考氏認為海德格說出了某些人生經驗，但他以為這樣的經驗不足以使他成為一個偉大的哲學家❹。考夫曼的話對那時的我可謂適中下懷。我已經準備把海德格作為我生命中的一個小插曲，從此置之高閣。

---

❷　《現代學苑月刊》第六卷第十期，民國五十八年十月，頁 383–395。

❸　《輔仁大學人文學報》第一期，民國五十九年，總 83–91。
　　項退結，《現代存在思想研究》，臺北：現代學苑月刊社，民國五十九年十二月，頁 115–127。

❹　Walter Kaufmann, *The Faith of a Heretic*, Garden City, New York: Doubleday, 1963, pp. 359–360.

考夫曼的見解復經戈雷特與以增強。戈氏對形上學的看法比較和我接近，因此他的話更容易引起反響。他認為海德格祇著眼於人所能經驗到的人之存有，亦即有限而具時間性的存有；這樣他囿於有限領域之中，無法越過雷池一步，達到存有的形上理解❺。我的〈海德格的存有論〉一文其實就反映了戈氏的想法。儘管我當時對海德格作了一廂情願的期待，但卻充分了解到，海氏所云的存有跟多瑪斯的「獨立存有本身」完全是二回事。多瑪斯的「獨立存有」才是永恆的，海氏的「存有」則不是。因此那時我對加拿大的一位作者里烏提出異議，並指出多瑪斯的「獨立存有本身」在海德格眼中始終是「存有者」，而未涉及存有問題❻。然而，即使是這最起碼的理解，沒有功夫細讀《存有與時間》的人也很難達到。例如唐君毅在〈述海德格之存在哲學〉一文中，就誤以為「透過柏拉圖之所謂永恆，與巴門尼德斯及希臘之早期其他哲學家所謂存有去了解；卻比較能接近」；並以為海氏所云「存有之守衛者」是指「人生為永恆或悠久之存有之守衛者」❼。程石泉先生認為海氏旨在尋找絕對真理，而絕對真理又僅屬於「絕對的、完滿的、永恆的存有」❽，也和唐先生大同小異。《哲學與文化月刊》的〈哲學說文解字〉指稱

❺ Emmerich Coreth, *Metaphysics* (English edition by Joseph Donceel), New York: Heider and Herder, 1968, pp. 28−29.

❻ 項退結，《現代存在思想研究》，頁 119。
Bertrand Rioux, *L'Être et la vérité chez Heidegger et Saint Thomas d'Aquin*, Montréal: Presses de l'Université dè Montréal, 1963, pp. 248−255.

❼ 唐君毅，《哲學概論》（下），臺北：臺灣學生書局，民國六十三年五月三版（臺初版），附編頁 107、115。

❽ 〈軏近東西哲學之交互影響〉（中），《聯合報》，民國六十八年六月四日副刊。

海氏的「責任哲學」在於「從存在走向存有，從時間走向永恆」，他的「死亡哲學」則宣稱死亡是「另外一種生命的開始」❾，似乎也頗接近唐、程二位先生的推斷。哲學界中人摸不到海德格的中心問題何在，其實絕不限於我國。在慕尼黑，就有一位曾以海氏哲學為博士論文題材的學者告訴我，若干鼎鼎大名的教授並未了解海德格的思想；而這也正是我的印象。可見，對海德格理解錯誤，在今日哲學界中無獨有偶，不足為奇。

正因如此，所以海氏於 1966 年 9 月 20 日寫給美國一位哲學家信中就再三提及人們對他心目中存有問題的誤解❿。1969 年出版的《關於思想之物》書中，海氏清楚點出，他在《存有與時間》中所應用的「基本存有學」一詞就是誤解的原因之一：因為使人相信它是尚待建立的存有學之基礎，就如同基本神學是系統神學的基礎一般。為了避免這一誤解，他早已放棄了這一名詞⓫。事實上，海氏所要避免的正是以傳統意義去了解「存有」與「存有學」等詞（亞里斯多德、多瑪斯、笛卡兒、萊普尼茲、康德，甚至完全否定形上學的卡納普均係如此）。然而，無論他如何辯解，二千多年來根深蒂固的存有一詞的用法始終產生力量，使海德格獨特的用法很難彰顯出來。

一如上文所云，我在民國五十九年發表的〈海德格的存有論〉一文足以充分證明，我一開始就很清楚，海氏所云「存有」與「存

---

❾　《哲學與文化月刊》第十一卷第十期，民國七十三年十月，頁 716。

❿　John Sallis, *Heidegger and the Path of Thinking*, Pittsburgh: Duquesne University Press, 1970, pp. 9 f.

⓫　M. Heidegger, *Zur Sache des Denkens*, Tübingen: Max Niemeyer, 1969, S. 33–34.

有者」的意義不同於傳統的意義。我那時的錯誤僅在於對他懷有一
廂情願的期待而已，以為《存有與時間》所云的「基本存有學」，其
目的在於建立起傳統的存有學。我的誤解正是海氏所點出的一種。
由於這一期望一再落空，甚至根本成為「海市蜃樓」，所以我很快就
失去了對海德格哲學的興趣。

要如海德格真的無法建立他一生想要建立的存有論或存有哲
學，那末他的哲學當然可以說是徹底失敗。但要如真的如此，何以
海氏哲學會發生如此深厚的影響力呢？這個問題始終縈繞在我的心
中而不得其解。海氏之影響心理分析與人文心理學❷，我並不感到
意外，因為抉擇正是最重要的心理活動之一。海氏影響沙特的存在
主義，我在閱讀了沙特的《存有與空無》以後，也得到了充分的答
案。何以海氏還能啟發巴特 (Karl Barth, 1886–1968)、步脫曼
(Rudolf Bultmann, 1884–1976)、田力克 (Paul Tillich, 1886–1965)、拉
內 (Karl Rahner, 1904–1984) 等幾位神學家呢？最後這位天主教神學
家，我曾閱讀過他的許多文章，並在音士布魯克向他請教過，深知
他絕非泛泛之輩。何以他也會受到海氏思想的啟發呢？這些都是我
無法答覆的許多問號。

1.2 進一步的理解

恰在海德格形成一個無法揭開的謎語時，臺大哲學系主任黃振
華先生於民國六十四年邀請我開一門海德格的課。這件事本身顯示

❷ Henrik M. Ruitenbeek, *Psychoanalysis and Existential Philosophy*, Toronto: Clarke, Irwin and Co., 1962.
呂漁亭，《羅洛‧梅的人文心理學》，臺北：輔仁大學出版社，民國七十二年，頁 15–18。

出，海氏在我國哲學界中也佔有相當份量。我對臺大的邀請，內心
中頗感矛盾：一方面我無法否認海氏的影響力，另一方面又怕他真
的虛有其表。畢竟，這是德國人習於自嘲的一個弱點：那就是用他
人無法理解的字句來標榜深奧，實則什麼都不是。我又想到在音士
布魯克精神病醫院實習時所看到的一篇無法了解的文章，那是病人
寫的；但他裝模作樣，認定他蘊藏著深不可測的哲理。儘管我的心
情那末矛盾，我還是答應了臺大的邀請，因為我覺得不應該讓本身
並不清楚的一些猜想影響我的實際行動。

　　一開始授課，我在《存有與時間》第十三節就發覺到，海德格
對「認知」的理解和其他西洋哲學家的距離非常巨大。從亞里斯多
德開始，理論的認知在西洋哲學中一向就被認為佔最高地位；海德
格則把「世界的認知」視為植基於「此有」（人）的關切。正因如
此，所以海氏認為我人看一樣事物時早已採取了某種方向及觀點❸。
準備上課的筆記顯示，我當時就非常欣賞海氏這一看法，覺得非常
深刻獨到。它使我了然於許多所謂「客觀認知」的底細：表面上他
們提出一大堆由實證研究所得的統計數據，或者在旅行訪問後寫一
些訪問記錄，實則他們一開始就採取了某種方向和觀點，當然也祇
能觀察到他們所要觀察到的東西。方向和觀點如果正確，觀察到的
東西就很有意義；否則，觀察到的不過是一大堆廢銅爛鐵而已。孔
恩在《科學革命之結構》❹中發現科技的革命來自典範 (Paradigm)
的改變，他所說的「典範」也就是海德格所云的方向與觀點。1955
年 8 月以「什麼是哲學」為題的演講中，海氏指出相應於我人的不

❸　M. Heidegger, *Sein und Zeit*, Tübingen: Max Niemeyer, 1957, S. 61.

❹　Thomas S. Kuhn, *The Structure of Scientific Revolutions*, 2nd ed., Chicago: The University of Chicago Press, 1970, Ch. III, V, etc.

同「心境」或「基調」($\pi\alpha\theta o\varsigma$=Gestimmtheit) 會出現不同的哲學。譬如希臘人的基調是驚奇，笛卡兒的是懷疑，今日世界則以計劃與計算為起點❶。這些看法不僅對不同時代哲學的了解有幫助，對東西方哲學的比較也很重要。

上面所說的「心境」或「基調」僅代表不同的方向與觀點；原則上它們都具同等價值，都像盲人摸象一般，能夠揭示出象的某一部份。然而，如果盲人一開始帶著偏見，以為自己摸到的一定屬於某一部份，或者甚至以為是象的唯一真相，而不肯讓事實本身來糾正自己的偏見，那就會發生錯誤，而事實也會全部被扭曲。我在臺大第一次講授海德格是在民國六十四學年，當時毛澤東尚未離開人世。他一手泡製的文化大革命雖造成中國有史以來最大的人為災害，但他個人卻仍在全世界受到無數人的崇拜。我在 1970 年去西德和義大利時，曾親身體驗到毛澤東個人當時不僅在中國大陸已被塑造成神，在西方亦未嘗不然。我在西德時曾被朋友邀請，在一所中學中跟十幾歲的孩子談話，對於毛澤東已成為他們的偶像一事有極深刻的印象。政界與工商界人士對毛澤東必恭必敬，還有利害關係在作祟，他們一心一意要在全世界人口最多的國家做生意，這對他們的國家關係重大。最令人不解的是連若干教會人士也急於向他叩首膜拜。這大約由於西方過分崇拜「成功」的人物，同時也由於六十與七十年代所颳的一股左傾旋風。我曾有一面之交的一位神學教授竟以為應該把《毛語錄》跟《聖經》一起讀，並認為毛澤東比基督徒更實行了基督的教訓，而無視於毛澤東的胡作非為及加給數千萬人的非人待遇（1976 年 9 月 9 日毛澤東死去，四人幫跟著下臺以後，

❶ M. Heidegger, *Was ist das-die Philosophie?*, Pfullingen: Günther Neske, 1963, S. 37–47.

連中共最高領導階層都直認不諱)。這就是方向和觀點錯誤所造成的悲劇！

海德格的這一真知灼見對我恰如當頭棒喝，使我再也不敢等閒視之。海氏在《存有與時間》中一再說明這一見解，以後再由高達美繼承衣缽，而發展成現代的詮釋學 (Hermeneutics)。事實上高達美早已於 1960 年發表了 《真理與方法》 一書， 其英文譯本亦已於 1975 年問世 ❶，祇可惜我接觸到此書已稍晚一些。

授課第一年中所體會到的另一點是海德格如何讓我們知道自己是怎樣以存在為出發點，建構起我們的物質世界和人間世界。他的這項努力和卡納普《世界的邏輯結構》(*Der logische Aufbau der Welt*, 1928) 頗有相似之處。 祇不過卡納普僅以邏輯思考為起點，海德格則做得更徹底：從人的存在開始，而認知（尤其是邏輯的認知）則被視為由人的存在所衍生的一種存有方式。

另一點體會到的是他對形上學所持的獨特態度。他在〈什麼是形上學〉一文 (1929) 的〈後記〉(1943) 與〈導言〉(1949) 中指出，形上學是一種「反映思想」，亦即反映出存有者之為存有者的思想，因此必然會遺忘存有 ❶。然而海德格卻並不反對形上學，他認為形上學是無法避免的。這裡應注意，海氏所云的形上學不但包括亞里斯多德、康德、黑格爾、馬克思、尼采等的哲學思想，而且也包括現代科技 ❶，因此實際上包括西方型態的理性思想整體。海德格無意建立一種新的形上學，而僅著意於以存有思想替形上學打根基 ❶，

---

❶ Hans-Georg Gadamer, *Truth and Method*, London: Sheed & Ward, 1975.

❶ M. Heidegger, *Was ist Metaphysik?*, Frankfurt am Main: Vittorio Klostermann, 1969, S. 19–20, 22, 49.

❶ 同❶, S. 2, 25。

既然如此，海德格的哲學就不再停留在形上學，而是超越了形上學
(Überwindung der Metaphysik)。

　　授海德格課第一學年行將終結時，海氏於 1976 年 5 月 26 日離
開了人世。我在 6 月 9 日寫了〈海德格思想與皇帝的盛服〉，強調他
使今日天主教和基督教神學重新注意人的實際存在，不再一味留連
於抽象的理論；他又提供一些很深刻的觀察和內心體驗，因此不是
裝腔作勢的騙子，而應被視為一代哲人。然而那篇短文卻也表達出
我對他的迷惘：主要是因為我始終無法體會，何以包含未來、過去、
現在的時間性就能揭示存有，而且祇有這樣的時間性始能揭示存有。
經過一學年鑽研以後，我對海德格的態度已比較積極，但保留的成
份仍佔優勢；「拒絕接受顯然與事實不符的內容，對一部份肯定（即
海氏的肯定）存疑，另一部份則予以接受。由於他的某些缺點而把
他全部否定既有失公正；一面倒全部接受則未免幼稚。」❷⓿

　　大約由於海德格在〈哲學之終結及思想的任務〉(1962)❷❶一文
中對二千年以來的西方文化與思想作了尖銳的批評，我就相信，海
氏思想的目標在於對西洋文化思想的片面性作徹底的批判，用以建
立一個更完整而合乎人性的思考方式和文化。於是我就把臺大六十
五學年度的課命名為「海德格與西方文化」。這一學年中，我對海氏
的中心題旨——存有學的區分有了進一步的深入體會。所謂存有學
的區分即存有者與存有之間的區別。「存有者」多半是由理性思想
（反映思想）所把握到的對象，西方思想的優點即在於此。「存有」
則有賴於人的存在體驗。然而，海氏所云的存有究竟何所指，那時

---

❶❾　同❶❸, S. 54–55。
❷⓿　《哲學與文化月刊》第三卷第七期，民國六十五年七月，頁 459–460。
❷❶　同❶❶, S. 61–65。

對我仍是一個啞謎。

　　一直到六十七學年度，我才發覺到「存在性徵」(Existenzialien)與「範疇」(Kategorien) 對海德格思想的重要性。一直到那時為止，我雖然知道這二個名詞的含義，卻沒有想到它們是理解海氏思想的樞紐。人之所以為人的一切均應以存在性徵去了解，祇有事物纔可用範疇去形容❷❷。海氏之所以不贊同自柏拉圖以降的西洋哲學傳統，就是因為都是以範疇思想為主，把範疇用於人身上，甚至用於上帝身上。範疇思想即以存有者為對象，以存在性徵為主的思想亦即海氏所主張的存有思想；範疇思想由存在性徵衍生而來，存在性徵則是原初的。海氏的《存有與時間》一書最了不起的地方，即在於以存在性徵為出發點來看事物世界與人間世界，這一項努力是否值得也許尚待考慮，但它實在可與康德的「哥伯尼革命」相比，是對哲學的一種全新進路。《存有與時間》之所以很難進堂入室，這也是重要因素之一：因為我們太習於以對象為主的思考，很難每次反省到自己的存在 (Existenz)，然後由存在觀點去觀察對象。然而，不掌握這點，「存有與時間」即無門可入，海氏的全部思想都會變成一些沒有意義或被曲解的空洞字句。不幸，直到如今依舊還有人死啃海氏著作字句，而完全沒有體會到由存在體驗才能達到的真髓。

　　為了幫助同學選課所撰的六十七學年「課程綱要」顯示出，那一學年度的授課進程列入「海德格與詮釋學」一條，參考書目中亦已把高達美的書加入。我自己的《現代存在思想家》一書後面括號中說明：「可參考第四章，第五章應重寫」。第五章也就是上文所提及的〈海德格的存有論〉，至此我已不再認同。

　　二年後，我在〈海德格思想的重估〉❷❸一文中把一再研讀反省

---

❷❷　同❶❸, S. 54–55。

的結果作了一次總結。這裡我不敢再用「未來、過去、現在」，而改用「投向、已是、現在」（最後又改成「到向」、「已是」、「現前」；沈清松教授建議用「能是」、「已是」、「正是」），它們指我人對自己所採取的動向。三個動向結合在一起才構成海氏所云的原始時間；而我人在作任何決定時，都顯示了這樣的時間性。

這篇文章發表於民國六十九年以後，我有一段時間不再開海德格的課。七十三學年度，政大學生又要求開這門課，遂又重新整理以前的記錄，每次上課寫成簡單的講義，這對思路的澄清極有幫助。七十四與七十五學年度，輔大研究所與政大的課又促使我把講義作再三的整理和反省。

不消說，我並未閱讀海德格的全部著作：臺灣的所有圖書館至今尚未購置海德格全集（計劃中的七十餘冊至今是否已經出齊，也是一個疑問）。幸虧七十六年七月間，我有幸因參加國際中國哲學會第五屆研討會之便，得以在聖地牙哥加州大學圖書館中收集資料，收穫甚豐。惜為時甚短。即使是臺灣圖書館所已有的書，我也不可能全部細讀。因為讀海氏著作都很耗費時間精力。因此，除攻讀重要著作以外，我必須同時借助於專家的研究，其中如波格勒、馬克斯、理查孫、西漢等人的著作，尤彌足珍貴；中國學者之中，則以關子尹最為深入，他自承得力於波格勒不少 ❷❹。然而，經過這麼多年來的努力，我相信自己對海德格思想能夠把握住下面幾個重點：

第一，海氏思想跟西方哲學的形上學傳統完全不同。他所云的存有，既不同於柏拉圖所云與變化對立而僅能為理智所把握的存有，也不是亞里斯多德和多瑪斯‧亞奎那心目中的存有，和黑格爾所云

---

❷❸ 《哲學與文化月刊》第七卷第六期，民國六十九年六月，頁 394–401。

❷❹ 這些書以後均將引用，這裡恕不詳述。

的存有也有很大距離。因此，把他的思想比附於傳統的任何形上學系統，都基於臆測和武斷，在海氏著作中找不到依據。

第二，儘管海氏在《存有與時間》第六節曾說要破壞存有學的歷史，實際上他不過是要以人之存在性徵為起點而建立起形上學的存有基礎。套用海氏常用的說法，藉邏輯思考建立的形上學所針對的不過是正確不正確的問題 (Richtigkeit)，他所針對的卻是存有的開顯及「存有之真」的問題 (Wahrheit des Seins)。後者能容納前者，前者則不能容納後者。海德格並未否認邏輯的有效性，反之，他承認這一類型思想所衍生的現代科技已宰制了現代世界。他所要說的是：這一類型的思考方式已經使人遺忘了更重要的「本質思想」，也就是他所云的「存有思想」。因此，原則上海氏思想可以和傳統的形上學並行不悖。

第三，海氏在 1962 年發表的〈時間與存有〉演辭中所云「放棄存有者思想存有」❷一語仍應和《存有與時間》一起才能獲得正確的了解。因為海氏在替理查孫的書所寫的序言中曾經清楚指出：如果把他的思想分成前期和後期的話，「那就必須注意到：唯有藉前期所想過的始能理解後期所應想的；但前期也唯有包含在後期之中始成為可能。」❷ 這就清楚指出，不顧及前期所指出的存在性徵會曲解或無法理解後期思想。無論如何我人不能把後期所云的「存有」視若黑格爾所云的事物之變化（這是把存有限於「手前存有」）。方才引用過的〈時間與存有〉行將結束時就明白指出：「放棄存有者思想存有」是指不顧慮到形上學的思想。儘管存有非此有的產物，其

❷ 同❶, S. 2, 25。

❷ W. J. Richardson, *Heidegger: Through Phenomenology to Thought*, The Hague: Martinus Nijhoff, 1974, XXIII.

本身即係超越，存有的開顯仍須藉「此有」始能完成，這點對海德格後期思想依舊有效❷。

第四，海氏思想的「基調」卻似乎傾向於實際生活所顯示的信仰，而不借助於任何理性推理（這正是他所云的形上學。海氏曾敦勸基督徒神學要正視聖保祿的話，把這一類哲學視為愚蠢❷）。他的這一想法很可能導源於1916-1927年間承受於聖保祿、馬丁‧路德與祁克果的影響❷。海氏後期思想因此越來越走向霍德林 (Hölderlin)、里爾克 (Rilke)、土拉克爾 (Trakl) 等的詩句，並以天、地、神、人四者合而為一作為他的世界❸，這一切都可以說是信仰。海德格死前希望自己的葬禮中舉行天主教的祈禱❸，也顯示出他始終是有宗教信仰的天主教徒。可能有人會說，這就蘊含了他的形上信念或形上學。但這是「形上學」一詞的不同用法。按海氏的一貫用法，存有的開顯並非藉理性推理而得，因此不屬於形上學。一如上文所言，海氏並未否定形上學的有效性。他祇認為形上學已使人類趨於滅亡，因此我人今天需要的是另一類型的思想。

我個人非常贊同海德格的存有思想。作為理性思考的補充，存有思想在今日世界的確有其特殊使命。對中國文化圈中的東亞世界

❷ M. Heidegger, *Wegmarken*, Frankfurt am Main: Vittorio Klostermann, 1978, S. 327, 333.

❷ 同❶, S. 20。

❷ John D. Caputo, *Heidegger and Aquinas*, New York: Fordham University Press, 1982, p. 62.

❸ M. Heidegger, *Poetry, Language, Thought*, translated by Albert Hofstadter, New York: Harper & Row, 1975, pp. 149–151, 201.

❸ Bernhard Welte, "Denken und Sein: Gedanken zu Martin Heideggers Werk und Wirkung," *Herder Korrespondenz* 30, Heft 7, Juli, 1976, S. 373–377.

來說，它的確是能夠幫助我們理解固有文化的暮鼓晨鐘。我們決不可因被稱為「東亞四龍」而過份沾沾自喜，而忘記了人性的固有價值和面貌。然而，一種純粹訴諸非理性信念的思想，本身也有其限度。因此，接受了海德格的警告以後，腳踏實地的形上學似乎更有其迫切需要。

　　附帶願一提聖地牙哥加州大學圖書館中見到有關海德格《書目與詞彙》的一本書❸❷。其中詞彙部份包含了不少熊偉所譯的中文詞彙。這些正是新近問世的《存在與時間》❸❸(Sein und Zeit) 中所應用的詞彙。大陸文化界急於把如此重視人之存有的著作譯為中文，實在非常可喜。儘管中文譯本出版在先，相信我這本書仍能有助於海峽兩岸對海德格的了解。

❸❷ Bowling Green, *Bibliography and Glossary*, Ohio: Philosophy Documentation Center, Bowling Green State University, 1982, pp. 451–506.

❸❸ 海德格爾著，陳嘉映、王慶節合譯，熊偉校，北京：三聯書店，1987。

2. 海德格其人及其思想發展

要介紹海德格思想的發展，先對他的一生略費筆墨，應該不算是過當。他的一生本來非常簡單，唯一例外是 1933 年 5 月至翌年 2 月任富來堡大學校長那段插曲。由於那段歷史對他一生整體來說有些離譜，所以讓我們在下一章再來討論。

2.1 鐘聲中的童年

為了慶祝海氏八十歲壽辰，他的故鄉梅斯基希 (Meßkirch) 出了一本紀念冊，收集了他幾篇涉及故鄉的文章。其中第一篇標題為〈鐘樓的奧秘〉，一開始就作如下的童年憶舊：

> 聖誕節一早約三點半左右，鳴鐘的男孩就到了輔祭家中。輔祭太太早已替他們準備了咖啡牛奶和蛋糕，飯桌就擺在聖誕樹旁；聖誕樹剛在聖誕夜才放入這溫暖的起居室，有一股柏樹的香味，上面插了許多點燃的蠟燭。數週以來，甚至一年以來，鳴鐘的男孩都在等候輔祭家的這一刻。究竟有什麼東西吸引他們在嚴冬之夜這麼早起身來到這兒呢？那絕非有什麼特別好吃的東西。好些小孩自己家裡可吃到更精緻的東西。此時此刻輔祭家的神妙處就在於鳴鐘及節日的來到。男孩吃飽以後，立刻興高采烈地在屋子前面點起燈籠。裡面的蠟燭都是祭壇上用後的殘餘。輔祭把這些殘餘的蠟燭收集在一個抽屜中，我們輔祭家的男孩就從這裡拿一些蠟燭裝飾「我們的」祭壇玩「做彌撒」。燈籠點好了以後，由領導人先走，全

體男孩都以沉重的腳步走過雪地進入鐘樓。那些鐘，尤其是大鐘，都須在懸鐘的那一間內鳴響……自鳴鐘四點才敲過，每天下午三點鐘必須敲響的小鐘就響起來。每天下午三點鐘敲鐘的差使屬於輔祭家的男孩。……居民中有人死亡，也用這口鐘告訴大家，這件事卻由輔祭自己擔任。

小鐘響了以後，第二個鐘馬上接下去，一直到第七個巨形的鐘❶。

習慣閱讀海德格著作的人，看到這篇〈鐘樓的奧秘〉，會感到很不尋常。別的著作中，海氏用辭非常簡潔；可用三個字表達的絕不用第四個字。但是這篇短文卻都是些無關宏旨的細節，而且不嫌其詳。最後一段說出一年四季節日的交替，一日間的不同時刻，均由大大小小的鐘聲浸透著「年輕的心、夢、祈禱與玩耍，……直到最後一次鐘聲響至存有與存有者的區別之山」❷。可以說把他幼年時對教堂鐘聲的美妙感受表顯無遺。最後一句則有些費解，容我有機會時再剖析 (11.4)。

馬丁‧海德格生於 1889 年 9 月 26 日。他的父親是當地聖瑪丁教堂的看守人 (Küster)，一稱輔祭（Messner，此字源自 Messe，亦即彌撒。Messner 的原意是輔助行彌撒祭禮）。通常輔祭有一棟房子，但薪水往往微薄，因此一般都同時操另一職業。海德格的父親是木工，有他自己的工場；海氏在這裡也很喜歡做一些小東西。《存有與時間》分析一個句子的詮釋源頭時用「鎯頭太重」為例，說到工具時甚至還提到鉋子和釘，並非無因❸。方才引用的海氏八十壽

❶ M. Heidegger, *Zum 80: Geburtstag von seiner Heimatstadt Messkirch*, Frankfurt am Main: Vittorio Klostermann, 1969, S. 7–9.
❷ 同❶, S. 10。

辰紀念冊中，海氏之弟夫里次 (Fritz) 提及他們家的經濟情況堪稱小康，不富也不窮，但用錢必須節省；他也幽默地說出一般民眾對輔祭家的看法：「我們倆很清楚：輔祭家出不了神童，甚至也不夠資格做模範兒童。」他們二人還有一個姐妹，名叫瑪利哀蕾 (Mariele)。母親很喜歡花卉，也很喜歡跟鄰居聊天；父親雖沉默寡言，卻很喜歡公開背誦席勒爾 (Schiller) 的〈鐘之歌〉這首詩❹。

從出生到 1903 年為止，海氏就在這一小鎮中度過。小鎮的教堂以聖瑪丁為主保，他是第四世紀法國都爾 (Tours) 的一位主教，非常照顧貧苦無告的老百姓，在巴登區 (Baden) 特別受尊敬，該區許多天主教教堂和男孩均以瑪丁為名。一如〈鐘樓的奧秘〉所云，海氏不但敲鐘，而且也在彌撒中擔任輔祭童 (Ministrant)。小鎮的生活可以說以教堂為中心。天主教的信仰與禮儀構成海氏幼年生活的背景。

除去鐘樓與鐘聲以外，他最不能忘情的是故鄉的田野小徑 (Der Feldweg)。海氏以此為題寫了一篇短文。根據他的描寫，教堂附近有一個「堡壘花園」和堡壘，大約古代是小諸侯的安身處。花園中有年代久遠的菩提樹，海氏喜歡在這裡看書。據他弟弟所述，1911 年夏季，他在菩提樹蔭下一天的時間就把該塞爾 (Geyser) 一本哲學書看完。堡壘花園有一個門，田野小徑即由此門開始，經過田野十字架以後，小徑就彎向樹林。沿樹林邊緣走，會見到一株高大的橡樹，下面有一把粗陋的椅子。這也是海氏青少年時代最喜愛讀書的去處❺。現在梅斯基希市民已改稱那條路為「海德格小徑」。

---

❸ M. Heidegger, *Sein und Zeit*, Tübingen: Max Niemeyer, 1957, S. 157–158, 70.

❹ 同❶, S. 58–63。

❺ 同❶, S. 11–12。

2.2　透過布倫達諾走向存有問題與現象學

　　1903 年，海氏進公士坦茲 (Konstanz) 耶穌會辦理的初中。德國南部的天主教徒一般說來並不勤於送小孩受高於小學的教育。他的父親之所以毅然增加額外支出，把海氏送到五十公里以南的地方去念中學，是因為海氏有意陞神父。初中時期的 1905 年，海氏讀到小說家斯底夫德 (Adalbert Stifter) 的作品。1906 年，又進另一耶穌會辦理的高中，那是在富來堡，座落在梅斯基希以西約一百公里。1907 年夏季回家渡假時，他與同樣是回故鄉渡假的格婁貝 (Conrad Gröber) 神父相遇，格神父以後任富來堡地區的總主教。一次在田野小徑散步時，格神父送給海德格一本布倫達諾 (Franz Brentano, 1838–1917) 的書，標題是《亞里斯多德的存有物之多種意義》。布倫達諾對亞里斯多德的了解，是以中古學者如亞奎那等的註釋為基礎。海德格稱格婁貝神父為「父執輩的朋友」，當時就答應要細讀此書；這也就成為海氏進入哲學殿堂的入門書。此書一方面使海氏透過中古哲學家一度進入天主教哲學的陣營，以後又透過胡塞爾的現象學而深入存有經驗 ❻ 。1908 年，他發現了霍德林 (Friedrich Hölderlin) 的詩；晚年的海氏便一再以霍德林的詩為研討題材。

　　1909 年高中畢業後，海氏先進入德國耶穌會設於奧地利西部費德基希 (Feldkirch) 的初學院。數星期後，由於健康上的理由，他離開初學院而進入富來堡總教區的神學生宿舍，同時進入富來堡大學的神學院。二年後，他發覺自己的興趣在哲學，遂放棄陞神父的志

---

❻　John D. Caputo, *Heidegger and Aquinas*, New York: Fordham University Press, 1982, pp. 16–17.

願而專心念哲學。

　　一進入大學，海氏馬上就開始讀胡塞爾的《邏輯研究》。海氏曾細細說明他讀胡塞爾的動機。從一些哲學雜誌他知道胡塞爾思想由布倫達諾所促成，而布倫達諾正是他的哲學啟蒙作家。他一直自問：存有物既有多種意義，那種意義堪稱為領導的基本意義？存有又是什麼？高中的最後一年，他讀到布賴格 (Carl Braig, 1853–1923) 的書：《論存有：存有學導論》。這本書大量引用亞里斯多德、亞奎那與蘇亞雷的原文，並指出存有學基本概念的字源。但他那時向自己提出的問題仍未獲得答案。因此他希望，也許透過胡塞爾的現象學會獲取答案。胡塞爾的著作誠然使他入迷，但至少在那時，海氏也沒有獲得所等待的答案。

　　布賴格對他的影響卻也非常深刻而持久。海德格在放棄念神學的 1911 年以後，仍繼續不斷聽布賴格的信理神學課，並在跟他一起散步時，聽他講謝林與黑格爾在思辯神學中可補士林哲學的不足❼。布賴格在《論存有》書中曾討論德文 Zeit（時間）一字源自希臘文 tanumi（我伸展自己）。海德格的《存有與時間》之 373 頁亦以「伸展」(Erstreckung) 來說明時間性與歷史性❽。布賴格對亞奎那的態度亦為海德格所欣賞：「讓我們不僅研究多瑪斯的哲學，讓我們像多瑪斯那樣研究哲學。」布賴格一方面欣賞士林哲學，同時又對之加以批判，這也成為海氏的基本態度。此外布賴格往往喜歡把許多字湊合在一起，中間加上短線，例如：das Zu-sich-selber-kommen-

---

❼　Thomas Sheehan (ed.), *Heidegger: The Man and the Thinker*, Chicago: Precedent Publishing, Inc., 1981, pp. 4–5.

❽　M. Heidegger, *Zur Sache des Denkens*, Tübingen: Max Niemeyer, 1969, S. 81–82.

können。他又喜歡把 sein 一字放在許多字的後面。例如：Was-sein,
Dass-sein, Ein-sein, Andersein, Zahlbarsein, Personsein；或者把它放在
許多字的前面，例如：Seinsmöglichkeit, Seinsmomente, Seinsordung。
這樣的用法不但譯成中文非常困難，連譯成其他西方語言都不容易。
這些癖好以後全部為海德格所效尤，而且青出於藍而勝於藍。難怪
海德格以後自承，布賴格對他的影響是決定性的，而且不可以言詞
形容，他必須以感激的心情懷念他❾。

　　現在讓我們再回到胡塞爾。1913 年，胡氏發表《關於純粹現象
學與現象哲學的一些觀念》一書。所謂「純粹」，是指「先驗主體
性」，也就是說：現象以「意識體驗」為其顯題範圍，並在體驗之行
為的結構中去研究意識行為中所體驗到的對象之對象性。1916 年，
胡氏來到富來堡大學任教，海氏遂有機會跟他直接練習現象學的
「看」：這樣的「看」要人把一些未證明的哲學知識及大哲學家的權
威擱在一邊，而回到未攙雜質以前直接呈現在意識中的現象，亦即
胡塞爾所云的「事物本身」。然而海氏以後揚棄了胡塞爾過份重視的
意識性，並走向希臘哲學的洞識，這也就是海氏對現象學的新見地：

　　　意識行為的現象學所云的現象顯示自己，亞里斯多德與整個
　　　希臘思想與存在都視之為 alētheia，亦即「現前物之不蔽性」
　　　(Unverborgenheit des Anwesenden)、其解蔽、它的自身顯
　　　示。❿

---

❾　同❼, pp. 5–6。
❿　同❻, pp. 47–54。

2.3 從天主教哲學走向「哲學的內在召呼」

上文曾說布倫達諾討論亞里斯多德的書使海德格進入天主教哲學的陣營，這絕非過甚其辭。海氏從小就在濃厚的天主教氛圍中成長，蒙贈布倫達諾一書時，正準備讀神學陞神父。1911 年，他雖放棄此意，但對天主教陣營的歸屬意識並未改變。這點可於 1912 至 1914 年他所發表的文章及書評中見到。首先，所有這些文章清一色地發表在天主教雜誌中 ❶。1912 年的文章以〈現代哲學中的實在性問題〉為題，主張感覺的主觀性，並認為唯有透過物理科學始能確定實際事物的實在性。1914 年寫了一篇對法國學者桑特路 (C. Sentroul) 的書評，此書以《康德與亞里斯多德》為題。海德格雖認為此書對二位哲學家的基本不同方向不夠了解，卻讚美它是士林哲學與康德交談的開始：「我們在天主教這邊並沒有很多足以為人正視的對康德之徹底研究。桑特路的書是值得注意的進步。」 ❷

那年，海氏用下列論文考取博士學位：〈心理主義中的判斷理論〉。這一論文批評五種心理主義的判斷理論，並替純邏輯的理論辯護。海氏批評第五種——里普斯 (Theodor Lipps) 的方式如下：里普斯認為思想的規律屬於心理的運作定律。依據這一說法，思想規律即「思想的物理學」。當我人依心理的必然運作規律把某些心象連結在一起時，我們就說某一判斷具客觀有效性。這樣的必然性恰如休謨所云，是一種必然性的感受。海氏主張判斷的必然性不屬於心理領域，而屬於純邏輯領域，有其獨立的有效性 ❸。

---

❶ 同❼, p. 5；同❽, S. 84–87。

❷ W. J. Richardson, *Heidegger: Through Phenomenology to Thought*, The Hague: Martinus Nijhoff, 1974, p. 675.

　　1914 年 8 月爆發了第一次世界大戰。海德格被徵入伍，卻於
10 月 9 日因健康情況不合格而被遣歸。1915 至 1917 年，海氏在郵
局服役代替兵役。大約這工作仍留下許多時間，因此他很快完成另
一論文，亦即〈童司·斯各都的範疇與意義學說〉。這篇論文於
1915 年夏季作為講師研究論文被通過。再於 7 月 27 日作一次講演
以後，海氏遂取得大學授課資格❶❹。

　　海德格在這一時期勤於閱讀法國天主教哲學家，如布隆德
(Maurice Blondel) 的《行動》一書。法國精神哲學家拉梵松
(Ravaisson) 也頗為他欣賞。1915 年春季，他還跟杜美里 (H.
Duméry) 說，從他作品中可以發展出一種以位格思想為主的神之哲
學，但須避免擬人說❶❺。

　　1916 年，海氏被提名為天主教哲學講座的候選人。開會時有人
主張海氏以其宗教信仰而言是適當的人選。這時，海德格授課的範
圍相當廣泛，包括聖保祿、聖奧古斯丁，尤其是亞里斯多德，但都
應用胡塞爾的現象學方法。就在此項方法的運用下，海氏在《保祿
致得撒洛尼前書》第五章第一至八節發現了「適當時機的時間」
(Kairological Time)，使他的思想發生決定性的變化。此章開始時，
保祿說自己不必給得撒洛尼人寫有關時間與時機的話；「時間」與
「時機」的希臘文是 Chronos 和 Kairos。《得撒洛尼前書》第五章一
開始所云的「時間」與「時機」是指世界末日，亦即「主再臨的日
子」(Parousia)，因為初期基督徒往往相信末日即將來臨，相信耶穌
基督即將重臨人世。這一信念在當時與後世（至今仍然如此）一再

---

❶❸　同❻, pp. 24–30。

❶❹　同❻, pp. 34–36。

❶❺　同❼, p. 6。

引起猜想，究竟這日期是那一天。聖保祿卻把我們對「紀年時間」
(Chronological Time) 的問題轉變為使我們一剎那就「醒寤」的「適
當時機」。他輕描淡寫地提到「時間」與「時機」以後，馬上就說：
「你們原來確切知道，主的日子像夜間的盜賊那樣來。」這句話等
於杜絕了末日的「紀年時間」可能獲得認知的奢望，而下句則提供
了「醒寤」之「適當時機」的答案：「所以我們不當像其他的人一樣
貪睡，卻當醒寤節制。因為那睡覺的是黑夜睡覺，那喝醉的是黑夜
喝醉。然而，我們做白日之子的應當清醒……。」既不能準確知道
末日的時刻，一個真的能在其現實生活經驗中清醒過來的人，就會
和上帝一起 (Vollzugszusammenhang mit Gott) 渡過這個必然是不確
定的生活；從這一經驗，純真而屬己的時間性於焉產生。最使海德
格震驚的是：聖保祿所提供的不確切與有限經驗（死亡即每個人的
末日）纔開啟了人的視域，讓不蔽性的真 (alētheia) 得以呈顯，也就
是讓現象本身顯示自己❶❻。這些思想以後在《存有與時間》中將會
發揮得更詳盡；但已以雛形顯示於此。海氏反覆思考「時機」的時
期，應該在 1917–1919 年之間。祁克果已隨 1919 年雅士培著的《宇
宙觀心理學》而影響到他。馬丁‧路德大約在 1921 年以後才進入他
的思路。

　　要如我們把海氏的整體思想發展與聖保祿書信所引起的轉變作
一比較，這次的轉變很可能就是決定性的轉捩點。

　　海德格已於 1916–1917 年冬季學期開始教天主教哲學。這門課
專為神學院學生而開，讓他們獲得哲學的基本知識。但一如上文所
述，海氏在 1917–1919 兩年期間，卻在專心致志對他的哲學基本立
場作徹底的重估，甚至暫時把其他工作擱在一邊。終於他採取了一

❶❻　同❼, p. 5。

百八十度的轉變。富來堡大學中握有天主教哲學講座的原是克雷普斯 (E. Krebs) 教授，是他讓海德格繼承他的位置。因此海氏於 1919 年 1 月給他寫信，說明原委，並認為「一種哲學以外的聯繫」(指天主教哲學系統) 已與他的哲學信念不符。他依舊很重視天主教的生活世界，但「知識論洞見與歷史認知的理論已使天主教系統對我成為疑問而不可接受」(problematisch und unannehmbar)。他又說哲學家必須對自己誠實，但他特別指出，他並未放棄基督宗教。那封信的最後一段說明海氏自信對哲學有內在的召喚，並相信自己能促進「內在之人的永恆使命」；因此他敢在上帝前表白自己行動的無辜 ❼。不僅他自信是無辜，而且他既致力於「內在之人的永恆使命」，他始終以基督徒身份努力促進人與上帝的關係。

2.4 存在、自我、《存有與時間》

1919 年，雅士培的《宇宙觀心理學》問世。德文「宇宙觀」(Weltanschauung) 其實指人生觀，雅士培把它分成三種類型：實際型追求權力，想改變外界事實；羅曼蒂克型一味追求自己的感受；聖賢型要與絕對者接觸而追求愛的共享。雅氏又以生命與存在為此書哲學思考的重點。雅士培與太太於 1920 年春季曾在富來堡住了數天，當時他對海氏已有所聞，因此樂於結識他；他們二人很快就成為深交 ❽。海氏於 1919 年已經細細研讀《宇宙觀心理學》，並陸續寫了長篇評論，於 1921 年 6 月寄給作者，但在雅士死後的 1973 年才發表。這篇長達四十四頁的評論雖亦討論了生命及其他問題，重

---

❼ 同❼, p. 9。

❽ 同❻, p. 60。

點卻集中在「自我」與「存在」。海氏認為雅士培思想以存在為重點，對存在現象卻欠深入了解。「存在」是「自我」的存有之存有方式 (eine Seinsweise des Seins des "ich")，「我有我自己」是存在的基本經驗，而這一經驗必須透過「歷史的伸展」才會發生。這所謂「歷史的」，並不指對客觀歷史事件的觀察，而是指自我關心自己的方式。自我必然把自己伸展到它的過去，過去屬於自我所有；但這個佔有自己過去的自我同時又在期待的視域中經驗到自己，在期待中才真正屬於它自己❶。《存有與時間》中時間性的三個動向，這裡已粗具形式。

1922 年 10 月，海德格決定接受瑪爾堡 (Marburg) 大學額外教授 (Professor Extraordinarius) 的任命。瑪爾堡大學之所以特別對海氏表示歡迎，一方面是因為他對中古哲學頗有研究，同時接近馬丁‧路德的思想，另一方面是因為他表顯了驚人的創新能力。翌年夏季學期的「存有學」課程中，他在第一課中就講「現實性的詮釋」：他所云的詮釋既非註釋，亦非士來馬赫與狄爾泰的詮釋理論，而是把尚未揭示出的「現實性」揭示出來。「現實性」即上文所云的過去，它祇能透過「期待的視域」才能使人經驗到真正的自我。這一過程他又稱之為「生命的動勢之互相聯屬」❷。

1923–1926 年期間中，海德格逐漸完成了《存有與時間》一書，但沒有發表。為了想繼任哈特曼 (Nicolai Hartmann) 的位置，此書終於在《哲學與現象學研究年鑑》發表，同時以單印本形式出版。此

❶ Karl Jaspers, *Philosophische Autobiographie*, München: R. Piper Verlag, 1977, S. 92–93.

❷ M. Heidegger, *Wegmarken*, Frankfurt am Main: Vittorio Klostermann, 1978, S. 29–36, 475.

書把每一存在的自我稱為「此有」(Dasein)，其「存在性徵」角度所顯示的「世界性」、「人們」、「人們自我」、「屬己自我」、「時間性」、「決斷」等等現象，都有海德格所賦與的獨特意義。「存有」與「存有者」間的「存有學的區分」尤其成為海氏思想的「商標」。但1921年評論雅士培時所云過去的現實性，《存有與時間》中一貫地稱為「已是」。因為過去的已經消失，自我所體驗到的現實性則一直是自我的一部份，因此海德格稱之為「已是者」(Gewesenes)，而不稱為「過去者」(Vergangenes)。

2.5 形上學與形上學的基礎

1927年，《存有與時間》發表以後不久，海氏就繼承了哈特曼的講座。一年以後，胡塞爾退休，海氏被邀回富來堡繼承胡塞爾的位置。這時他才三十九歲。

德國大學一向有發表「就職正式演講」的習慣。海德格於1929年7月24日在富來堡大學大講堂發表這次正式演講，以「什麼是形上學」為題。這一題目雖講形上學，卻和傳統的形上學毫無關聯。它所強調的是空無，人之存在（此有）於憂懼(Angst)中接觸到空無，人因而體會到自己的有限性。但此有所接觸到的空無反而使人發覺自己最純真的可能性，又使他得以超越存有者。海德格認為人的此有在空無中超越存有者就是形上學。形上學因此是此有的基本事實❷❶。

這篇演辭對不熟悉海氏《存有與時間》的思想之一般聽眾實在

---

❷❶ M. Heidegger, *Was ist Metaphysik?*, Frankfurt am Main: Vittorio Klostermann, 1969, S. 32–41.

是一個啞謎。即使了解「存有與時間」，這篇演辭仍然很費解。海氏在大講堂中對許多慕名而來的聽眾講這樣的一個題目，可謂並不得計。反正許多人聽了以後，都以為海德格是一個專講空無的虛無主義者。

1943 年這篇演辭出第四版時，海氏寫了一篇後記，表明他的思想並非虛無主義，也不是「憂懼哲學」或反對邏輯的感受哲學❷。那篇演辭雖以「什麼是形上學」為題，但問題已超過形上學，是要超越形上學，探究形上學的基礎。「存有之真」才是形上學的基礎❷。

1949 年，《什麼是形上學》出第五版時，海氏又寫了一篇〈導言〉，以後就一直保持這一形態。〈導言〉不但比〈後記〉更長，內容也更重要。這裡非常清楚地說出，形上學祇反映出存有者之為存有者，而不思及存有，「存有之真」因此被遺忘。形上學之所以祇反映存有者，是因為沒有透過人之存在體驗把握到純真的時間與存有。談到這點時，〈導言〉幾乎把《存有與時間》的重點做了一個扼要的敘述❷。海氏並直截了當地指出，形上學把時間視為存有者的流逝 (Ablauf des Seienden)，他則視時間為「不蔽性」(Unverborgenheit)，亦即存有之真❷。凡此一切，我將在本書第九章加以討論，這裡暫且從略。這裡我祇願意指出，海氏在「什麼是形上學」演辭與〈後記〉、〈導言〉中所真正要談的是形上學的基礎，亦即他所云的「存有之真」。至於什麼是「存有之真」，下面我將努力提供一些線索；

❷ 同❷, S. 45。
❷ 同❷, S. 43, 47–49。
❷ 同❷, S. 14–15。
❷ 同❷, S. 17。

但歸根究底，最後仍須回到《存有與時間》，始能獲得答案。

2.6 正確之真與存有之真

1930 年，他在布雷門 (Bremen)、瑪爾堡與富來堡以同一題目做了數次演講，1932 年又再於德雷斯頓 (Dresden) 講了一次；題目是「論真之本質」。通常我們把 "Wahrheit" 譯為「真理」。這裡我用「真」字來譯，是因為「真理」祇能表達出海氏所云的「正確之真」，而無法表達出他所說「不蔽性」的真。

這篇演辭目下被認為「海德格前期」與「海德格後期」的分水嶺，因為〈論人文主義的信〉（1946 年寫給法國朋友飽夫雷=Jean Beaufret）指出：《存有與時間》第一部分的第三編原擬討論的「時間與存有」本擬在思路上有所「轉折」；但由於當時僅用形上學語言，問題無法想通。無論如何，「轉折」絕不是改變「存有與時間」的觀點。「轉折」的思路，則可於〈論真之本質〉一文中窺見❷❻。此文本來尚須以「本質之真」一文來補充。但〈論真之本質〉一文已指出了下列「轉折」。

傳統的真是指句子的正確性 (Richtigkeit der Aussage)：反映出存有物的是正確的句子，反之則是不正確的句子。海德格則認為正確性的「真」之得以成為可能，其基礎在於此有之開顯；因之，此有之開顯所形成的自由才是正確性的真之可能性的基礎：「自由是真之本質」。

再進一步，海氏分析自由這一現象，結果發現：讓開顯的事物顯示出來，並讓存有物存有的即係自由。這一自由的基礎是本身具

---

❷❻　同❷⓿, S. 325。

歷史性的人：人的存在站在自己外面 (Ek-sistenz)，對他自己提出存有物是什麼的問題時，就經驗到不蔽性。站在自己外面去挖掘的人本身是自由的，因為人對自己投設。藉此有之開顯而去除存有物的蔽障，就是海氏所云「不蔽性的真」。不蔽性的真基於此有之開顯，而此開顯始終是局部的、有限的，其未開顯者亦即不真。因此真與不真始終在一起。儘管如此，此有之開顯與不蔽性之真（即存有之真）仍是符合之真的基礎 [27]。

說到這裡，也許我們又必須問：〈論真之本質〉一文所云的「轉折」究竟在那裡？答案是：《存有與時間》之分析此有的各種「存在性徵」，目的在於說明傳統西洋哲學遺忘了存有；而所以如此的關鍵在於把「真」限於以符合之真為基礎的句子的正確性，亦即陷於形上學而無法走向形上學的基礎 (2.5)。《存有與時間》於第四十四節中說明，此有的開顯才是符合之真的基礎。這也正是〈論真之本質〉一文第九節「附註」所云「本質之真即真之本質」的意思。此句的第二個「真」字指符合之真，前面一個指「開顯的挖掘」(Lichtendes Bergen)，亦即此有的開顯性；意思是：開顯的挖掘才使知識與存有物之間的符合得以發生 (wesen)。所謂的「轉折」表示海氏思想的一個發展：前期（主要是《存有與時間》）從傳統形上學的正確性為出發點，慢慢由存有者走向開顯與不蔽性之真；後期仍以前期思想為基礎，卻以不蔽性之真的角度從事思考。1962 年才發表的〈時間與存有〉一文有下面一句：「思考存有而不提存有者意指：思考存有而不顧慮到形上學」[28]。這句話正好表達了「轉折」後的海氏思考方式。上面我已說過，〈時間與存有〉本是《存有與時間》

[27] 同[20], S. 176–198。

[28] 同[8], S. 25。

一書第一部份第三編，這裡本來就可以「轉折」。三十五年以後以同一題目所發表的演辭仍表達出這一「轉折」。

2.7 存有思想與科技、詩及語言

自從海氏思想「轉折」以後，他一再稱他自己所從事的工作為「存有思想」，或者以希臘語稱為 alētheia。海氏早於《存有與時間》中應用這一希臘字，以後每次提及「真」的問題時，幾乎都提及此字。另外還專門寫了以此字為題的一篇文字，是討論赫拉頡利圖 (Heraclitus) 的思想。據他所云，lēthē 一詞指遮蔽及遺忘，而 alētheia 指思想的挖掘與開顯❷。

1930 年〈論真之本質〉一文以後，海氏基本上已踏上了不蔽性的思考方式。但某些文章或書籍仍在討論形上學或形上學的克服。其中最最重要的是 1950 年首次出版的《形上學導論》一書。一如作者所云，此書目的在於以「存有與時間」為出發點來討論「存有的開顯性」(Erschlossenheit des Seins)，並指出存有與存有者的區分❸。依照海氏於 1962 年所云，這一類題材始終未脫形上學的窠臼。純粹的存有思想應該完全不考慮到形上學的問題。

究竟什麼是存有思想 (Denken des Seins) 呢？首先那不是以句子的正確性為事的邏輯思想，海氏稱後者為計算思想或反映思想，並以為這一類型思想已造成「以西方歐洲思想為基礎的世界文化」，哲學到此「已消失於技術化的科學中」，尤其消失於操縱學

---

❷ M. Heidegger, *Vorträge und Aufsätze*, Teil III, Pfullingen: Günther Neske, 1967, S. 53–66.

❸ M. Heidegger, *Einführung in die Metaphysik*, Tübingen: Max Niemeyer, 1966, S. 154–155, 15.

(Kybernetik) 中。儘管如此，仍留下以「清除」(Lichtung) 為事的不蔽性思想。所謂「清除」，是以森林清除了一些樹，顯示了一部份森林所蔽障的天空為比喻，表示思想撥雲霧而見天日。這樣的「清除」與「不蔽」並不靠當前事物的反映，而是一種邁向未來、追念已是、抓住當前的時間性思想❸。依他的說法，唯有這一類型思想才是基本思想，真正堪稱為思想，而科學根本不思想❸。

按照這一思考路線，海氏寫了不少涉及現代科技的文章。他的思路很簡單：科技是「挑戰的揭示」，是形上學的產物，而形上學的基礎是存有開顯自己並讓事物開顯。因此，如果把「挑戰的揭示」視為唯一揭示（開顯），那就是本末倒置❸。

對詩與語言的探索也是循著存有開顯這一思路。此有是存有的開顯之處 (Dasein=Da des Seins)，而語言堪稱為「存有之屋」，因為存有的顯示藉語言表達出來。而揭示出存有的語言就是詩。對於這點，海氏的看法與一般看法有很大的差距。他認為一般人視語言為「統治存有者的工具」，表示出內心，反映出實在與不實在的事物，這是正確的看法，卻不足以說出語言的本質。語言是叫喚，使所叫喚者既在遠處而又靠近。日常語言已不再叫喚，因為它是「被遺忘而被用壞的詩」❸。

❸ 同❽, S. 71–77, 12–17.

❸ M. Heidegger, *Vorträge und Aufsätze*, Teil II, Pfullingen: Günther Neske, 1967, S. 7.

❸ M. Heidegger, *Vorträge und Aufsätze*, Teil I, Pfullingen: Günther Neske, 1967, S. 5–36.

❸ 同❷⓪, S. 316。
M. Heidegger, *Unterwegs zur Sprache*, Pfullingen: Günther Neske, 1965, S. 20, 31.

2.8　小屋的隱士

　　到此為止，我相信對海氏思想發展大體上已經作了通盤介紹。引為遺憾的是：這一介紹祇是皮毛，無法進一步說清底細。所以如此的原因之一是海德格始終是現象學者：他的努力是讓事物本身顯示出來。人就是現象賴以顯示之處。他以為真正的思想就是真能以慧眼看到現象（現象＝事物本身的顯示）。在與馮・魏次賽格 (C. Fr. von Weizsäcker) 談話時，海氏一再說某某人真正看到，某某人雖然知得很多，卻什麼都看不到，完全是瞎子❸❺。他所云的看到，就是讓現象透過時間性顯示出來；而這樣的顯示又必須透過人的存在與體驗工夫。海氏的著作往往像啞謎，是因為我們一時看不到他所指給我們看的現象。但這不是說，海氏永遠看得比別人更清楚。這樣的想法會使我們流於盲從。

　　這章僅僅介紹了海氏思想的發展，下面將陸續說明各種思想的內容。不消說，這篇文章僅介紹了一些皮毛，多半是一些海氏賦以特殊意義的哲學名詞而未詳加闡釋。然而，為了使讀者獲得一個概觀，這些皮毛或外殼仍有其必要。

　　從海德格的大量著作來看，我們可以發覺他的閱讀範圍及知識極其廣泛。然而他思想的真正來源卻是他自己的沉思。為了能安靜地沉思，海氏除在富來堡大學授課幾個月以外，多半時間都在多特腦山 (Todtnauberg) 的一個小屋中度過。富來堡東南部約二十至三十公里的黑森林山區有一個名叫多特腦 (Todtnau) 的鄉村，高六五九公

---

❸❺　C. Fr. von Weizsäcker, *Der Garten des Menschlichen*, München: Hanser Verlag, 1978, S. 409.

尺。從這裡向東北行會到達一座高達一四九三公尺的山；多特腦山大約在這座山與多特腦村之間。根據海氏自己記載，多特腦山是海拔一一五〇公尺的滑雪之地。至少從 1926 年開始 ❸，海氏經常在此獨居。這木屋六公尺寬七公尺長，低矮的屋頂蓋住三小間：廚房兼起居室、寢室、書房。海氏給熟悉的朋友寫信時往往就把「小屋」(Hütte) 當地名。手頭就有他 1947 年 10 月 9 日親筆寫給蕭思毅先生小簡的影印，裡面引述蕭先生以篆體字書寫《道德經》第十五章的句子：「孰能安以久，動之徐生？」 ❸ 這句話，真可以說是海氏在小屋子獨居的寫照。他自稱山居並非「孤單」(Alleinsein)，而是「靜寂」(Einsamkeit)，而大城市中生活的人往往很容易孤單，卻無法靜寂。他之不感到孤單，是因為他的「全部工作均為山和山上的農夫的世界所支持所領導」。他一上山進了小屋，他以前所思考的問題馬上就重新出現，馬上就可專心工作。他特別提到一位八十三歲剛死去的老太太：她經常爬上陡坡，到小屋子來，看看他是否還活著；臨死前一點半，她還讓人替她給「教授先生」致意。海氏寫此文時是在 1933 年，那年柏林大學第二次邀請海德格去任教。在這一情況下，海氏特別從城市回到小屋子，要聽聽山、樹林與農舍的說詞。這時他遇到七十五歲的一位農夫，他在報紙上已看到海氏被請赴柏林的消息。這位農夫把手放在海氏肩上，略微搖一搖頭，表示要無情地拒絕。海氏也就再一次拒絕了柏林大學的邀請。多特腦山就這

---

❸ 同❼, p. 15。

❸ Günther Neske (ed.), *Erinnerung an Martin Heidegger*, Pfullingen: Günther Neske, 1967, S. 119–129. 蕭先生曾於 1946 年每星期六與海氏一起翻譯《道德經》；由於海氏非常認真，到夏天終止僅譯完八章。以後就沒有譯下去。

樣成為海氏半個世紀的第二故鄉，也許可以稱為他的精神故鄉，因為海氏稱它為「創造性的景色」 **㊳** 。

㊳ M. Heidegger, *Aus Erfahrung des Denkens, 1910–1976*, Frankfurt am Main: Vittorio Klostermann, 1983, S. 9–13.

3. 海德格與納粹黨的萍水姻緣

　　有人稱海德格為「本世紀的哲學家」，但他的形象卻一向遭到物議。烏隆森 (J. O. Urmson) 編的《西洋哲學與哲學家簡要百科全書》對海德格與希特勒的關係曾作如下描寫：「1933 年，當希特勒獲取政權時，海德格接受了富來堡大學的校長之職，認為希特勒的上臺是新時代的曙光而表示歡迎，贊成廢除學術自由……，並因胡塞爾是猶太人而完全和他斷絕關係。」❶第二次大戰以後，法國佔領軍曾因上述控告一度禁止海德格在大學上課。

　　二種重要文獻幫助我們對這件事的內幕有進一步的了解。文獻之一是雪內杯格 (Guido Schneeberger) 所編有關海德格生活與思想的一本文集❷，裡面包括一些別人的證言，以及海氏自己任大學校長時期的演講詞與佈告。海氏那時期的演講詞最足以證明，他當時的確相信希特勒會使德國更偉大。文獻之二是《明鏡週刊》(*Der Spiegel*) 1966 年 9 月 23 日，對海氏的一次訪問記錄。海氏答應這次訪問的條件是不在他生前發表。因此《明鏡週刊》於 1976 年 5 月 31 日（海氏逝世後五天）發表此文。當時我雖有所聞，但全文卻在西漢 (Thomas Sheehan) 編的一本書中纔見到❸。此書在芝加哥發表，因此訪問全文亦已譯為英文；譯者是研究海德格名家理查孫 (W. J. Richardson)，因此相當可靠。為方便計，本文引用上述二書

---

❶ J. O. Urmson (ed.), *The Concise Encyclopedia of Western Philosophy and Philosophers*, New York: Hawthorn Books, 1960, p. 161.

❷ Guido Schneeberger (ed.), *Nachlese zu Heidegger*, Bern, 1962.

❸ Thomas Sheehan (ed.), *Heidegger: The Man and the Thinker*, Chicago: Precedent Publishing, Inc., 1981.

時僅寫二編者譯名的第一字及頁碼（例如雪 25，西 47 等等）。

3.1　海德格任校長的經過與政治投入

3.1.1　任校長的動機

　　海氏於 1932–1933 年的冬季學期（約開始於 11 月，而於次年 2 月結束）　恰好休假，多半時間都在黑森林山區的多特腦山 (Todtnauberg) 小木屋中度過。就在 1932 年冬季 12 月，一位解剖學教授牟倫鐸夫 (Von Möllendorf) 膺選為校長，並於次年 4 月 15 日就職。剛好這以前的 1 月 30 日，希特勒取得政權，開始獨裁。新校長就任甫二週即遭巴登 (Baden) 邦政府的文化部長免職，因為他不准張貼反對猶太人的海報。那時夏季學期　（約 5 月至 7 月）　行將開始，海氏重新回到富來堡。就在被免職的那一天，牟倫鐸夫與副校長二人都敦勸海氏接受校長職務，否則文化部勢將委派一位純粹的公務員任校長。一些較為年輕的同事也都包圍他，一定要他當校長。海氏開始時拒絕，因為他完全沒有行政經驗。但為了大學，他又不得不考慮；再三躊躇，終於他答應，如果校務參議會全體同意，他將勉為其難。舉行選舉的當天，海氏又覺得自己委實不適於就任此職，遂向原來的校長與副校長表達此意。但他們都說選舉已開始進行，無法放棄競選。據他自述，這就是他當校長的歷史背景　（西 46–47）。

3.1.2　政治投入

　　既然要在納粹政府之下當大學校長，海氏知道自己必須做一些妥協（西 49）。首先，他立刻就加入了「國民社會德意志工人黨」

(Nationalsozialistische Deutsche Arbeiterpartei)，這也就是希特勒所創的納粹黨 （Nazi=Nationalsozialist 簡稱）（雪 25）。此舉一方面可以說是他為了大學前途所做的妥協，一方面似乎也表顯了他個人當時對希特勒及納粹黨的無比信心。一如他向《明鏡週刊》的編輯所承認，他當時的確相信希特勒就任總理是「一個新時代的偉大與榮耀」的開始。那時德國有二十二個政黨，意見非常紛歧紊亂；1930 年早已有數百萬人失業。海氏認為在這一情況之下無法作另一選擇（西48）。

　　既然說起選擇，我們就必須了解海氏的思想背景。他起初雖服膺胡塞爾，以後他卻受祁克果影響發展了他自己的思想，相信每一自我均在他固有的境遇（土地、文化、歷史、民族）中植其基，就如同被投擲到自己的固有境遇中（海氏稱之為「現實性」）。然而海氏又認為每一自我有其「存在性」，也就是他有選擇的可能：他可以選擇成為屬於自己的 「獨特自我」，也可以選擇成為不屬於自己的「人們自我」。至於如何在某一歷史境遇中作選擇，海氏似乎並不訴諸太多的理性分析，而訴諸於他自己面對死亡的獨特自我之大無畏決斷。用這套思想背景去了解海德格在 1933 年 5 月的心情，海氏當時可能面臨空前的挑戰：他突然必須抉擇自己是否要當大學校長。做了肯定的抉擇以後，馬上他又面臨政治上的抉擇：因為希特勒的政府是獨裁政府，這點在前任校長被解職的事上可以見到；另一方面，他又感覺到這一政府可能替德國帶來新的「偉大和榮耀」。一如他答覆《明鏡週刊》時所云，他當時見不到另一可能性，祇有選擇這獨裁政府一途。本著他的一貫態度，於是他決心儘可能站在希特勒的一邊，藉以換取 「大學的自我肯定」（就職演講辭的題目，西48）。因此海氏之投身希特勒的政治目標，甚至一面倒替希特勒捧

場，一半是出於他當時的信念，一半則是為了大學利益所採的妥協態度。

由於海氏內心已有了這樣的抉擇，所以他在就職演講辭中要大學同仁在三方面為國服務：勞動、從軍及知識（西 49）。1934 年 1月，他公開徵召學生從事義務勞動，並稱之為「德國青年男子的教育新路」（雪 180）。最令人詬病的，是他在就職演講辭中說過的一句話：「非常被稱揚的『學術自由』被德國大學所拒絕；因為這一自由並非真實，它祇是消極的」（西 47）。海氏卻辯稱：必須細讀全文，才會了解他所指的「消極自由」是指什麼（西 48）。可惜我手頭找不到這篇全文，因此也無法判斷。另一篇發表於 1933 年 11 月11 日的演講辭中，海氏宣揚希特勒的革命為德國人民的全面革新，從此德國人又眾口一心集合在「領袖」(Führer) 旗下（雪 150）。約在同時，他還說過下面這些幾近肉麻的話：「領袖自己，而且祇有他一人，是今日與未來的德國現實及其法律」（西 49）。顯然，這已經幾近一面倒。

3.1.3 職務上的困難與辭職

儘管海德格那樣對納粹黨表示鞠躬盡瘁，職務上仍難免遭到許多困擾。事實上，海氏在大部份事上都卑躬屈節，接受上級的安排。例如 1933 年 10 月 1 日政府命令解除八位猶太人教職，同年 11 月17 日，政府宣佈大學生必須修「種族學」的課，海氏都乖乖接受（雪 130，151）。但是他卻不允許反猶太人海報的張貼，這件事曾使他的前任遭免職處分（西 47）。

1933–1934 年的冬季學期中，海德格計劃任命四位非常出色的教授為法、哲、理、醫四學院院長（前任校長牟倫鐸夫計劃中當任

醫學院院長），卻一點不考慮到他們跟納粹黨的關係。於是，海氏於
1934 年 2 月就被邀請到文化部去：他必須任命另外四位能為黨所接
受的教授。海氏拒絕作另外任命，同時聲明如果文化部堅持此事，
他寧願辭職。海氏十個月的校長生涯也就此終止。

海氏在《明鏡週刊》的訪問中特別指出，德國與國際新聞界對
他就任大學校長職作了許多批評，但對他的辭職一事卻隻字不提（西
52）。我個人相信，他辭職的情形足以證明，海氏之所以投身納粹黨
的政治，一方面雖有他個人信念的因素，主要動機還是在於保持大
學的學術元氣：他之所以作了許多過份的妥協，目的還是在於重要
人事的任命上能夠得心應手。至於海氏跟納粹黨的往來，則可以說
是一場「萍水姻緣」。

3.2 事後的困阨及各方面的不諒解

3.2.1 納粹黨對海氏的敵視

自從辭去校長職以後，海德格說自己已成為納粹黨的眼中釘，
並成為秘密警察的偵視對象。有一位被委派來偵視他的學生名叫杭
克博士 (Dr. Hanke)，偵視了一個學期以後，終於在 1937 年夏季學
期中無法忍受這一角色，並警告海氏以後當謹口慎言。1934 年在普
拉格及 1937 年在巴黎所開的國際性哲學會議，海德格都被摒於參加
名單之外。1944 年，二次大戰行將結束時，海氏被徵到萊茵河去建
造防禦工事。那年有五百位重要的學者與藝人都被豁免，不必服役。
富來堡大學校長邀請全體大學教師參加一個集會，集會時作了一個
簡短演講，把全體教師分成三組：第一組完全不適於服役，第二組
可服半役，第三組則服全役。海德格屬於服全役的一組。1944–

1945 年冬季學期的萊茵河服役期間終止以後，才上了二個鐘點的課，海氏又被徵入伍參加民眾防衛隊（西 53–54）。

海氏相信自己受到納粹偵視，也得到波爾諾夫 (Otto F. Bollnow) 教授的證實。波氏是海氏的學生，一直很崇拜他。1936 年秋天波氏和他告別時，海德格告訴波氏，不可給他寫直言無隱的信，因為他的信全被檢查❹。波氏後曾任杜平根大學教授。

3.2.2　雅士培的誤會

海氏在納粹黨眼中雖已成為不可靠的人物，他在友人眼中卻始終洗刷不了參加過納粹黨的污點。雅士培就是最好的一個例子。在他的《哲學自傳》中雅氏細細敘述海氏不時北上海德堡，跟他討論哲學問題，他們之間建立了極親密的友誼等等情形。但雅氏卻不欣賞海氏 1927 年發表的《存有與時間》一書，稱之為不可理解。1933 年 5 月海氏就任校長以後，曾應邀赴海德堡演講；雅氏覺得他已經完全以納粹黨徒自居，並想以納粹思想改造大學。大學生如痴如狂拍手歡迎他的演講，教授中拍手者寥寥可數。雅氏則坐在前排邊緣，雙腿伸得長長的，雙手插在袋裡，動也不動。從此，他已不能了解海德格。他們二人不僅成為敵人，而且海氏所分享的權力已對雅士培構成威脅❺。事實上，如果美國人不在 1945 年 4 月 1 日佔領海德堡的話，雅氏和他猶太裔的太太勢必被送入集中營。至於海氏所受於納粹政權的困阨，雅氏卻並不知曉。

---

❹　Günther Neske (ed.), *Erinnerung an Martin Heidegger*, Pfullingen: Günther Neske, 1977, S. 28.

❺　Karl Jaspers, *Philosophische Autobiographie*, München: R. Piper Verlag, 1977, S. 92–104.

即使是置身事外的我們，今天閱讀海氏對希特勒效忠的演講辭，也會感覺到莫名其妙，何況是以猶太人為妻的雅士培。這以外，海氏對那時已退休的乃師胡塞爾不友好的流言，更使人對海氏不諒解。

3.2.3 胡塞爾斷絕了二家的關係

胡塞爾可以說是海德格的恩師。海氏曾當過胡氏的研究助理，經胡氏推介而赴瑪爾堡大學任教，以後又因胡氏推介而回富來堡大學繼任胡氏的講座。海氏的第一本名著《存有與時間》即獻給胡塞爾，但這一獻言在 1941 年第五版就消失不見。於是就有人說海氏勢利。根據海氏自己的解釋，這是由於出版社的要求，否則此書可能會遭查禁；但海氏在下述條件之下答應了出版社的要求，亦即在頁 38 的註腳中必須保存作者對胡塞爾表示敬意及感謝之忱的聲明。

另外還有一些流言，說當校長的海德格不准猶太裔的胡塞爾應用大學及哲學研究所的圖書館。海氏矢口否認此事，並舉出事實證明，他曾替二位猶太裔教授親自去文化部辯護，跟他的猶太裔學生也始終保持友好關係（西 50–52）。

至於究竟是誰斷絕了二家之間的關係，海氏也說明了事件原委。1933 年 5 月，海德格太太寫了一封信給胡塞爾太太，表示海氏夫妻二人對胡氏及夫人的感激之忱始終不渝，並把此信與一束花託人交給胡塞爾。胡塞爾太太寫了一封禮貌的謝函，並宣稱二家之間已恩斷義絕。這樣，1938 年胡塞爾臥病並亡故時，海氏都沒有表示敬意與感激。事後，海氏對此深感遺憾，並曾致書胡夫人表示歉意（西 51–52）。

3.2.4　斯坦因修女事件

　　斯坦因 (Edith Stein, 1891–1942) 是猶太人和女哲學家，於 1916 年在胡塞爾的指導之下考取哲學博士學位，並因胡氏要求成為他的助理，幫助他講授現象學導引的課，並幫助他整理稿件。也就在這一時期她和海德格同事。數年後斯坦因小姐成為天主教徒，在一所女校任教，並以極大熱忱研究多瑪斯·亞奎那哲學，所著《有限存有與永恆存有》至今仍膾炙人口。1933 年 10 月 14 日進入嘉爾默洛隱修院，而那時希特勒早已當權❻。數年後，希特勒的反猶太政策雷厲風行時，斯坦因修女曾一再給海德格寫信，希望海氏替她寫一封推薦信或證明書，讓她得以離開德國。海氏卻並未答覆。最後她親自到富來堡，卻沒有見到海德格而空手回到隱修院❼。斯坦因終於在 1942 年 8 月 9 日和一大批猶太人被送入歐希維茲 (Auschwitz) 集中營的煤氣室而死。 1988 年羅馬教宗訪問西德時正式宣佈她為「真福者」(Beata)。

　　這件事的究竟誰也不清楚。記載此事的蕭思毅先生在富來堡住了許多年，他聽到有關斯坦因修女親自南下的事不可能空穴來風；但蕭先生也懷疑，海德格的一部份信件甚至電報是否遭扣留。至於何以海德格居然不接見這樣的一位老同事和女哲學家，這是很難理解的一件事。海氏也從未對此事提供解釋。可惜蕭先生沒有說明斯坦因於科隆隱修院親自南下的年代；但幾乎可以確定是在海德格辭去校長職務以後，因為斯坦因是在 1933 年 10 月進隱修院，而海氏

❻　Hilda Graef, *Leben unter dem Kreuz: Eine Studie Über Edith Stein*, Frankfurt am Main: Josef Knecht, 1954.

❼　同❹, S. 122–123。

於翌年 2 月就被迫辭職。那時的海德格已經泥菩薩過江自身難保。可能是為了避免招來秘密警察的注意,所以索性就拒人於千里之外。

3.2.5　哈娜‧雅倫的友誼

上面曾提及海氏跟他的猶太裔學生始終保持友好關係,這至少應包括哈娜‧雅倫 (Hannah Arendt, 1906–1975)。雅倫女士於 1924 年進入瑪爾堡大學,目的就在於跟海氏學哲學。她一聽海氏的課,立刻覺得如雷貫耳,對海氏崇拜得五體投地,而她的出色個性也對海氏產生吸引力;不久二人墜入情網,但始終保持秘密。正因如此,雅倫無法請海氏指導論文;在富來堡聽胡塞爾一個學期以後,終於去海德堡在雅士培指導之下完成博士論文。海氏與雅倫在這一期間仍不時約會相遇;他們之間的關係因 1933 年海氏加入納粹黨而一度破裂,這可能是海氏為了他和納粹黨之間關係所付出的最痛苦代價。1950 年雅倫由美國重返德國,又由她主動恢復了連繫。這次海氏向他太太供認:雅倫不但是他一生熱情傾注的對象,而且是他著作的靈感。據說海德格太太埃夫麗德 (Elfriede) 怒不可抑,以後每次雅倫去海氏家時,埃夫麗德絕不讓他們二人單獨在一起。雅倫女士的丈夫卻早已知情,但他卻不以為忤,甚至還相當鼓勵。

雅倫女士七歲時喪父,從小就為死亡陰影所籠罩。她對死亡的恐懼與無底止的憂懼經驗,大約對《存有與時間》不無影響。

關於海德格短期的政治生涯,她當時的確非常不諒解,目之為「職業性的畸形」,亦即哲學工作使他脫離現實。但儘管海氏曾於 1933 年 4 月底加入納粹黨,雅倫卻認為他衹是誤入歧途的民族主義者,而非真正的納粹,更不反對猶太人 ❽。

---

❽　Mildred Bakan, "Arendt and Heidegger: The Episodic Intertwining of Life

3.3 決斷與理性之間

海德格從一個隱士型的哲學家一下子捲入大學行政，同時捲入納粹黨，短短的十個月卻使他的形象受到嚴重的損害，這不但是他個人的悲劇，同時也充份顯示出他所主張的「決斷」思想的限度。一如海氏所云，他深知那時期當大學校長必須有所妥協，這是合情合理的。但他那時的確也真正相信希特勒是「偉大的領袖」，同時也因強烈的鄉土主義無形中接近他。這樣的「決斷」之所以會發生，就是因為太重視所謂的「心境」，而不作夠冷靜的分析。他為了大學的學術前途所作的大無畏決斷勇則勇矣，卻不夠理性。這也就是我所說「決斷」思想的限度。至於雅士培認為海氏於 1933 年的行動和思想脫節❾，則似乎有失公正。

3.4 最近的論爭

最近數年中 (1983–1988)，海氏與納粹之間的關係曾引起廣泛論爭。其中尤以一位智利人法里亞斯 (Victor Farias) 所持的態度最為極端，認為海氏根本就有納粹思想❿。五十年以後繼海氏任富來堡大學校長的舒普 (Volker Schupp) 因此委託 1986 年 6 月份的 《富來堡大學校刊》出面澄清這個問題。校刊登載了六篇相當有份量的文章，

---

and Work," *Philosophy and Social Criticism*, Vol. 12, Spring, 1987, pp. 71–98.

❾ 同❺, S. 104。

❿ Victor Farias, *Heidegger et le nazisme*, Paris: Verdier, 1987. 可參考趙雅博，〈海德格與納粹黨〉，《哲學與文化月刊》第十五卷第七期，民國七十七年七月，頁 46–50。

其中最重要的是馬克司・繆粒 (Max Müller) 的證言：繆氏曾因海德格的評語而被拒於大學門外，無法成為講師。這是 1937 年的事。另一篇轉述了伏爾夫 (Erik Wolf) 的證言：伏爾夫是刑法與法律哲學教授，海德格於 1933/34 年冬季學期曾任命他為法學院院長；結果此事因文化部阻礙而失敗，並導致海德格的辭職 (3.1.3)。繆粒指出，海德格決意徹底改革大學，不惜與納粹黨合作；1934 年雖已覺悟到做了錯誤的選擇，對「領袖」卻仍懷有一些幻想。伏爾夫的證詞則顯示出海氏對改革大學的無比熱誠❶❶。

　　舒普校長為了 1986 年 6 月份的校刊特別委託了二位教授擔任編輯，其中之一是史學家馬爾丁 (Bernd Martin)。馬教授曾於南港中央研究院研究，1988 年夏季再度來臺灣，以「海德格與納粹」為題在政大作了一次演講，並和我交換過意見。他曾仔細研究瑪爾堡與富來堡大學的有關檔案。上述校刊發表了他的研究結果。但這篇文章尚未暢所欲言，因此他又把長達四十九頁尚未發表的手稿和一篇已發表的訪問錄給我參考❶❷。依據上述資料，海德格事件已透過第

---

❶❶　Max Müller, "Martin Heidegger: Ein Philosoph und die Politik," (ein Gespräch mit Max Müller) *Freiburger Universitätsblätter*, Heft 92, Juni, 1986, S. 13–31.

A. Hollerbach, "Im Schatten des Jahres 1933: Erik Wolf und Martin. Heidegger," Ebenda, S. 33–47.

❶❷　Bernd Martin, "Heidegger und die Reform der deutschen Universität 1933," *Freiburger Universitätsblätter*, Heft 92, Juni, 1986, S. 49–69.

"Martin Heidegger und der Nationalsozialismus-der historische Rahmen," （49 頁打字手稿，其中有 133 條註腳）S. 12, 13, 16, 30, 34, 40 等。

Bernd Martin, "Heidegger in seiner Zeit: Alles Grosse steht im Sturm," *Journal für Geschichte* 3/87, S. 4–10.

三者表達出當校長的心願，其動機是為了要改革大學教育，使之更接近老百姓，不致越來越貴族化。希特勒剛上臺時，海氏相信自己的理想和希特勒有些接近，因為後者也說要民眾化。海氏甚至可能幻想有影響獨裁者的機緣，就如義大利哲學家詹底雷 (G. Gentile) 影響墨索里尼一般。馬教授又以事實證明，海德格於 1934 年以後仍然接近納粹：柏林方面於 1935 年還向繼任的校長建議，讓海氏當文學院院長，但遭到拒絕。馬氏更認為海德格在 1966 年給《明鏡週刊》的訪問記錄中並未說出全部事實；最不應該的是為了自己的「偉大」形象至死未承認判斷上的錯誤；他想要維護及改革大學的誠意是無可置疑的，但他想使校長成為全校領袖的構想，結果反為納粹所利用。

4.《存有與時間》的背景與問題

要了解海德格的思想,《存有與時間》一書係必經之途,這簡直已是老生常談。因為這本書所云被遺忘的存有問題,的確是海氏一生念茲在茲的中心問題。此書所云的「此有分析」及存有與時間的關連也是海氏思想的樞紐。儘管有人把海氏思想分成前後二期,但他仍堅定表示,前後二期思想絕不可分割:後期以前期為基礎,前期也像一朵花包含果實一般包含後期❶。甚至還可以說,不了解《存有與時間》所分析的「存在性徵」等基本概念,根本就會曲解海氏思想,以為與傳統的形上學系統大同小異。

其實海氏思想之被誤解,他自己就一再提及。可是誤解仍層出不窮。所以如此的原因,大約是因為通常由西洋哲學的研究而接觸到《存有與時間》的人,往往不期然而然會對它寄以奢望,以為可以幫助自己對傳統思想系統作進一步了解。這所謂傳統思想系統包括亞里斯多德、多瑪斯、萊普尼茲、康德、黑格爾,甚至也包括馬克思。也有人似乎希望海德格能夠對知識論與真理判準有所貢獻。懷著這一類奢望來讀《存有與時間》,無疑地會碰一鼻子灰。簡中理由可由此書的產生背景及其所要討論的問題而知。對此,巴拉爾於《海德格在歐洲與美洲》的序言中說得很好:他指出海氏思想針對著非常有限的一些問題,而並非包涵哲學的所有問題❷。

本章將先對《存有與時間》的產生背景及所討論問題作一導論

---

❶ W. J. Richardson, *Heidegger: Through Phenomenology to Thought*, The Hague: Martinus Nijhoff, 1974, XXIII.

❷ Edward G. Ballard and Charles E. Scott (ed.), *Martin Heidegger: In Europe and America*, The Hague: Martinus Nijhoff, 1973.

式的介紹，以後再把此書的重要題材，以我所認為最易領悟的方式
來逐一剖析（5、6、7、8 四章）。儘管如此，我不能否認，我的剖
析對初學者仍難免有不易了解之處。這大約是因為海氏思想本身與
其他哲學思想的差距太大。我自己由於多年以來的不斷接觸，已不
再感到生疏，初學者則必須經過一番適應與消化，才能逐漸進入情
況。

4.1　此書的產生背景與內容

　　自從 《聖保祿致得撒洛尼前書》 揭示了一般的計算時間
(Chronos) 與醒寤「時機」(Kairos) 的區別以後 ❸，海德格似乎已大
澈大悟，要把他一生精力貢獻於這一區別的澄清。從 1916 至他逝世
的 1976 年，事實上他都在反覆發揮這一主題。通俗的時間觀讓我們
追求準確的計算與效力，醒寤的時機觀則使我們把握到每一剎那，
在不確定的世界中安然邁進。醒寤的時機以後變成《存有與時間》
中的屬己時間性。

　　1919 年雅士培《宇宙觀心理學》的出版，使海氏乘機思考人的
存在及其於時間中的「伸展」。那年他放棄了天主教哲學系統，足見
海氏當時已胸有成竹。從他以後著作中對天主教哲學系統的批評，
我們可以發覺，他所不以為然的正是追求正確證明的努力，他認為
應遵循聖保祿的教訓把這類哲學思想視為愚蠢 ❹。所謂「知識論洞

---

❸　Thomas Sheehan (ed.), *Heidegger: The Man and the Thinker*, Chicago: Precedent Publishing, Inc., 1981, p. 9.

❹　M. Heidegger, *Einführung in die Metaphysik*, Tübingen: Max Niemeyer, 1966, S. 147–148.

　　M. Heidegger, *Identität und Differenz*, Pfullingen: Günther Neske, 1957, S.

見與歷史認知的理論」大約即指知識論所追求的確切性早已在「屬己時間性與歷史性」之前黯然失色，他已無法在這些他已目之為不成問題的題材中「浪費」時間精力。

　　經過了數年的反省與授課，尤其是在 1923–1926 年之間，《存有與時間》的全部題材遂局部形成，以後都陸續發表，而其中最重要的一部份發表於 1927 年。海氏對此書發表經過曾作詳細的敘述：

> 瑪爾堡哲學院（按即文學院）院長在 1925–1926 年度冬季學期進入我的書房：「海德格同事先生，您現在必須發表一些東西了。有適當的手稿嗎？」我回答說有。「那就必須趕快印好」。哲學院推薦我繼尼各拉・哈特曼首席講座遺缺。柏林教育部拒絕哲學院的推薦，因為我十年以來不再有作品發表。現在我不得已必須把許久以來敝帚自珍的一些稿件付印。因著胡塞爾的介紹，馬克士・尼馬葉出版社答應，把以後要在胡塞爾編輯的 《哲學與現象學研究年鑑》 (*Jahrbuch für Philosophie und Phänomenologische Forschung*) 行將發表的文章開始部份先印，亦即對摺十五大張 （即開始的二四〇頁），各二份由哲學院寄給教育部；許久後它們又回到哲學院，加上「不合格」的案語。翌年 (1927) 2 月《存有與時間》全文在《年鑑》第八卷發表，同時出單印本。半年後教育部收回成命，並宣佈委任狀。❺

64–65.

M. Heidegger, *Wegmarken*, Frankfurt am Main: Vittorio Klostermann, 1978, S. 374.

❺ M. Heidegger, *Zur Sache des Denkens*, Tübingen: Max Niemeyer, 1969, S.

《存有與時間》按原來計劃應包括上下二部份 ❻：

第一部份：應用時間性對此有的說明，並以時間當作存有問題之超越視域而對時間所作之解釋。

第二部份：應用時間性的題旨，以現象學方法對存有學歷史之破壞大綱。

第一部份分成三編：

一、準備性的此有之基本分析（第九～四十四節）。

二、此有與時間性（第四十五～八十三節）。

三、時間與存有（未完成）。

第二部份也分成三編（都沒有完成）：

一、康德之圖式 (Schematismus) 與時間理論作為時間性問題的前奏。

二、笛卡兒「我思我在」之存有學基礎，以及把中古時期存有學吸收入「思想之物」的問題中。

三、亞里斯多德的時間論作為古代存有學之現象學基礎及界限的標識。

就我人今日所知，第二部份有關康德之第一編已以「康德與形上學問題」為題發表於 1929 年，它原是 1925–1926 年的冬季學期講稿 ❼。另外，海氏於 1927 年夏季學期講「現象學的基本問題」，全書經其弟夫里次‧海德格打字，並經他本人增訂，於海氏尚在人世的 1975 年付印。此書一開始就加上一個註腳，表示這一講稿是

87–88.

❻　M. Heidegger, *Sein und Zeit*, Tübingen: Max Niemeyer, 1957, S. 39–40.

❼　M. Heidegger, *Kant und das Problem der Metaphysik*, Frankfurt am Main: Vittorio Klostermann, 1951, S. 7.

《存有與時間》第一部份第三編的重新思考❽。事實上此書第二部份第二十一節就以「時間性與存有」為題。但除此以外，它還討論了康德、笛卡兒與亞里斯多德的存有學問題。因此，說此書和《康德與形上學問題》一起已十足彌補了《存有與時間》的未竟部份，實非過言。

　　約在同一時期，亦即 1925–1926 年的冬季學期，海氏開了「理則學：真之問題」一課，講稿於 1976 年印行成書。此書已討論了海氏後期思想中心題旨：開顯與真的問題。這也充份證明了本文前面所云：海氏前期思想中已包含後期思想，二者不可分割。事實上，正在撰寫《存有與時間》的前後，海氏也執筆寫《康德與形上學問題》、《現象學的基本問題》及《理則學：真之問題》三書，討論的問題自必有某種連貫性。

4.2　討論的問題

4.2.1　從引言說起

　　讓我們先用《存有與時間》一書的引言來說明海氏所要討論的中心題旨，以後再參照上述其他三書來印證。引用《存有與時間》時，本文將用括號中的阿拉伯號碼指此書德文版頁碼，後面的中國字號碼則指該頁的第幾段，以便於查證。

　　引言前面，海氏先引用柏拉圖在《詭辯者》所說的一句話：「因為明顯地當你們應用『存有者』這一詞時，你們早已覺得很熟諳這

---

❽ M. Heidegger, *The Basic Problems of Phenomenology* (Translation, Introduction, and Lexicon by Albert Hofstadter), Bloomington: Indiana University Press, 1982, S. 1, 331.

一句的真意；我們過去也以為懂得它，可是現在我們到達了困境。」海德格認為直到如今我人仍未了解存有一詞的意義；他這本書的目標就在於重新檢討這古老的問題，並以時間作為理解存有的階梯。

「所提的問題今日已被遺忘，儘管我們的時代視重新肯定形上學為一種進步。」（2 一）這是引言的開場白。如何使被遺忘的存有問題重新彰顯，這就是此書的中心題旨，同時也是海氏思想的核心。

究竟應如何討論存有問題呢？傳統的形上學始自亞里斯多德的「存有物（存有者）之為存有物」這一超普遍概念，用以涵蓋一切其他概念，並藉以建立可應用於一切概念的最普遍原理。海氏卻認為這祇是討論某一類型存有者的存有方式，未能涵蓋「使存有者成為存有者之存有。……存有者之存有本身並非存有者。」（6 三）海氏一生所強調的「存有學區別」（存有者與存有之區別）於此已表顯出來。

要顯示出存有者之存有，當遵循什麼途徑呢？當我人說「有某件事物」，某物是實在的、持久的、有效的、在手前，是「此有」，都表顯出某種存有方式，究竟從那一個出發點才能爭取到存有的真諦呢？（7 一）

「然而，許多事物我人均以不同意義稱之為『存有者』。凡是我人所講、所以為、對之持這種或那種態度的，都是存有者，我們自己是什麼與如何，也都是存有者。」(6-7) 究竟我人應當以何者作討論起點呢？海德格以為理想的起點是引發此一問題的存有者，也就是我們自己。因此討論存有問題就在於把一種存有者弄清楚——即弄清發問的存有者的存有。這一會發問的存有者，海氏稱之為「此有」（Dasein, 7 二，意指存有顯示於此）。他認為這種以此有為出發點的存有學（Ontologie 一般譯為本體論）遠較任何其他存有學

為優。因為像生物學、歷史學、神學等各門學科均預設了它們對存有的某種看法，這些看法又以範疇系統為依據。然而範疇系統又以什麼為依據呢？（11 三）海氏的意思是：各學科的對象已預設了各該對象的存有方式（如：生命，人與神的關係，思想方法，知識理論等等）。然而哪一種才是最原初的存有方式呢？他認為這一問題從未經過反省。

海德格在導引第一章第四節的開始，畫龍點睛地點出了問題癥結所在：傳統的學術觀（包括現代的科學觀）本身就不徹底，因為一般都以為學術就是證明真命題的一貫系統。海氏認為這一定義既不完整，又未揭示出學術真諦，亦即學術作為人的行徑是「此一存有者（人）的存有方式。我人以專技名詞稱此一存有者為此有」（11 五）。理由在於此有不僅為其他存有者之一，因為此有的一種存有特徵是理解存有 （Seinsverständnis ist selbst eine Seinsbestimmtheit des Daseins, 12 二）。此有的另一本質特徵是在世存有：此有最初所理解的是他的「世界」，即他的環境，以及「世界」中的形形色色。因此，以非此有性（即人以外）的存有特質為論旨的任何其他存有學，均以此有的這一特性為基礎和動力。換言之，如果此有缺乏理解存有的天性，如果他的另一特徵不是「在世存有」，那就不會對事物發生興趣，也根本無從理解人以外的事物（13 三）。海氏這一觀點，簡直是在宣佈，直到如今還不曾有人找到存有學的起點。因為並未以此有的「在世存有」做出發點。

那末，應當怎樣去理解此有呢？答案是：經由它的存在：「此有對自己的存有採取態度的存有方式，我人稱之為存在」（12 四）；「此有祇能從它的存在去理解它自己，存在就是此有成為自己或不成為自己的可能性。」（12 五）此有的本質不能因說出它的客觀是什麼

而決定，它的本質在於應使它的存有成為它自己的存有（12 四）。
上面這些話的意思，並不是我人不能用客觀方法確定人的形態、特
性等等，而是說這些特性都不能顯示出此有之所以為此有，此有的
特點在於對自己有選擇餘地，可以對自己採取某種立場：他可以拒
絕甚至否認自己存有的某一部份，例如他貧苦的家世，他所屬的種
族，或者是他的思想性或感性；他也可以完全接受自己的存有，安
於自己的存有，實現自己存有的全部光輝。存在就是對自己的存有
採取立場的可能性。

「存在的問題恆祇由存在本身才能澄清」，這種基於親身經驗的
對自己的了解，海德格稱之為「存在的了悟」（das existenzielle
Verständnis）。至於把存在的各種組織加以剖析，則可稱為「此有的
存在分析」(Existenziale Analytik des Daseins, 12–13)，而這也就構成
海德格所說的基本存有學（Fundamentalontologie, 13 四）。

在《康德與形上學問題》中，海氏稱基本存有學為此有的形上
學，又稱之為形上學的形上學 ❾。

導引第二章不僅說明了《存有與時間》一書所用的方法，尤其
指出他所用現象學方法的特點，並勾劃出全書的內容綱要。

指出了此有的存在分析是理解存有的必經之途以後，海氏馬上
就說明此有的存在分析透過普通的日常生活始能獲致。在日常生活
中，我人方發覺此有的本質性組織，而不祇是一些偶發事件(16–
17)。事實上，海德格在全書第一部份第一編「準備性的此有之基本
分析」中，就在分析日常生活。

日常生活揭示的此有組織表示它們是時間性的形態
(Daseinsstrukturen als Modi der Zeitlichkeit)。這點容許海德格說出了

❾　同❼, S. 208。

他的另一基本構想：時間性不但揭露了此有的真諦，而且是一切存有學的中心問題：存有與時間性不能分離 (17–19)。

從這個論點出發，海德格著手破壞整個存有學的歷史，也就是破壞以前討論存有學的方式。他指出這一項工作並非旨在埋葬過去，而是要找得一條正確路徑。他認為康德、笛卡兒、亞里斯多德都沒有把時間弄清楚，因此他們的存有學建築在很貧弱而不可靠的基礎上。上文已經說過，對傳統存有學的解構，原應構成《存有與時間》一書的第二部份。

在《現象學的基本問題》中，海氏清楚指出，現象學中的意向性藉時間性始得以成立 ❿。《存有與時間》尚未明白說出這點。海氏在《現象學的基本問題》中指出，意向性以現前之物為對象，後者則由此有的時間性而來。《存有與時間》導引第二章第七節更對此作下列發揮。現象學一詞，德文 Phänomenologie 由希臘文 Phainomenon 與 logos 二字湊合而成，意思是現象的學問。$\varphi\alpha\iota\nu\acute{o}\mu\varepsilon\nu o\nu$ 的原來動詞 $\varphi\alpha\acute{\iota}\nu\varepsilon\sigma\theta\alpha\iota$ 意思是顯露自己，因此現在式分詞 $\varphi\alpha\iota\nu\acute{o}\mu\varepsilon\nu o\nu$ 的意思是顯露自己者及明顯者。原來的動詞還和 $\varphi\omega\varsigma$（光）有關，光是使事物明顯的工具，它在自身顯露它自己。世間也有顯露自己而實際並非如此，這樣的顯露自己，我人稱之為偽裝 (Scheinen)。偽裝之所以有其可能性，正是因為顯露自己是件可能的事 (28–29)。因此現象一詞的原義，並非康德所云與「不可見」的「真相」對立的「外表」，而是指「於自身顯露自己者」（Das Sich-an-ihm-selbst-zeigende, 31 二）。一如上文所云，海氏所云的現象唯獨透過時間性始能於自身顯露自己。

Logos 的原意是言說，以後卻習於指稱理性、判斷、概念、定

---

❿　同❽, S. 268。

義、基本、關係等等。可是 Logos 的本意始終還是言說，也就是把言說中所說的顯露出來。言說使人見到所說的東西 (Sehenlassen, 32)。因此，Phainomenon 與 λόγος 二字湊合起來的意思是：使人見到那於自身顯露自己者，也就是使隱而不顯的東西彰顯出來。基於上述解釋，海氏認為存有學與現象學不可分。現象學所說的現象，就是顯露出存有者的存有、其意義、其變化及其衍生物 (34–35)。這裡所云的「言說」(Rede)，下文在說明《理則學：真之問題》時將繼續討論到。

4.2.2　另外三書的印證

毫無疑問，《存有與時間》的引言把海氏思想中的基本問題作了最有系統的介紹。然而，一如上文所言，約在同一時期所撰三書卻能作一些很有價值的補充。這裡讓我依次發揮《康德與形上學問題》、《現象學的基本問題》、《理則學：真之問題》的一些觀點。

《康德與形上學問題》幾乎是亦步亦趨地剖析《純粹理性批判》的各部份，但均浮現出海氏自己的思想。此書第四編從康德的哲學人類學說到海氏自己透過此有分析而走向存有問題，可以說是此書的重點所在。海氏認為我人不應視人為自然界事物之一，而應把握到人以行動者資格能夠而且應該塑造成自己的東西❶。人以行動者資格能夠成為自己所要成為的東西，正是海氏所云的存在。《康德與形上學問題》一方面雖然也是對康德的批判，另一方面也可視為《存有與時間》的導引，因為最後指向「基本存有學」的重要性❷。

此書對「存有之遺忘」(Seinsvergessenheit) 也剖析得很清楚：

---

❶　同❼, S. 188。
❷　同❼, S. 208。

「此有之有限性——存有之理解——正在於遺忘。這並非偶然及臨時的，而是必然而持久的遺忘。一切基本存有學的建立……即以解除遺忘為目的。此有之形上學的基本存有學的基本行動……因此是『重新記憶』」**❸** 。此有遺忘存有的存有方式，海氏稱之為日常性**❹**，亦即僅言存有者的心態。要記憶存有，則必須透過存有的時間性，亦即《存有與時間》全書（尤其第二編）所分析的，存有藉此有對自己投設的三個動向之結合而開顯**❺**。

《現象學的基本問題》給人的最深刻印象是：此書也像前書一般指向「基本存有學」所揭示的存有之時間性。唯一不同的是：前書以康德為起點，此書則以胡塞爾的現象學與意向性為起點。根據海氏的說法，「此有之所以是意向的，祇因為它本質地以時間性為其特色。此有之所以內在地為超越的本質特性，同樣地與其對外動向的橫面特徵有關」**❻**。海氏所云「到向」、「已是」、「現前」三個對外動向，正好構成他的時間性。這一想法在海氏批評狄爾泰的「理解」(Verstehen) 及「解釋」(Erklären) 時尤其明顯。海氏認為這二概念不過指出二種認知方式而已，而認知本身係此有的一種行動。「針對存有者的任何行動——無論行動為理論的認知的，或者是實踐的技術的——都包含了某種存有的理解。……理解是此有之存在的原始特性。」因為，「理解意指面向一個可能性而對自己投設。」**❼**依據這一看法，狄爾泰的「理解」尚未接觸到問題核心，尚待海氏所

---

❸ 同**❼**, S. 210–211。

❹ 同**❼**, S. 211 五。

❺ 同**❼**, S. 211–219。

❻ 同**❽**, S. 268。

❼ 同**❽**, S. 275–277。

云以投設為主的理解為基礎。胡塞爾的意向性也是如此：脫離了投設及時間性，理解即無能為力。

《理則學：真之問題》以「從邏輯至真」為副題。海氏在這裡提及此有的「言說」(Rede)。一如《存有與時間》所指出，它是此有藉以開顯自己的三種基本結構之一，海氏稱之為「可理解性的清晰表達」(die Artikulation der Verständlichkeit, 161 二)，藉著這內在的活動，此有才發覺一樣事物的意義，因此可以說是尚未向外說出的語言。《理則學：真之問題》已指出「言說」是人對世界對自己的基本態度，藉以開顯出存有之真。海氏認為亞里斯多德《形上學》第十書尚討論開顯與蔽塞的問題，今日的學院理則學則純粹以句子的正確性為事，完全不再講存有之真❶⑱。

上述三書充分顯示出，海氏於 1925–1927 年之間的思想，幾乎完全環繞著《存有與時間》打轉。

4.3 剖析《存有與時間》的新方針

《存有與時間》既係海氏思想入門的必經之途，剖析其內容自屬必要。過去我是順著原書的次序加以介紹⑲，這是因為當時我還摸不到此書的究竟，不得已祇好如此。但這一做法祇可說是《存有與時間》的導讀，談不到剖析。這次則是整理出下面的幾個題材加以發揮，而把原書討論同一題材的前後章節併在一起。下面就是從《存有與時間》整理出來的一些題材，它們將構成下面四章的四個

---

⑱　M. Heidegger, *Logik: Die Frage nach der Wahrheit*, Frankfurt am Main: Vittorio Klostermann, 1976, S. 3, 8–9.

⑲　項退結，《現代存在思想家》，臺北：東大圖書公司，民國七十五年，頁86–119。

題材：

　　一、此有、存在與自我。

　　二、在世存有的「在」和它的世界。

　　三、關念、其整體性與屬己性。

　　四、時間性及歷史性。

　　閱讀了許多介紹海德格思想的德文、英文、法文、義大利文著作以後，我覺得可以粗糙地把它們歸類如下：少部份成竹在胸，從理性觀點對海氏採批判態度，或者對海氏提出的問題不求甚解，祇套用他所應用的一些名詞（如存有、憂懼、空無、詮釋）來發揮自己的思想；大部份則帶著同情甚至崇拜的心情，設法進入海氏思想的堂奧。後者這一型著作者往往喜歡引用海氏自己的話發揮他的思想。他們本人可能是海氏的入門弟子，耳濡目染，早已體會到海氏所體會到的問題。但對門外漢來說，這樣的發揮簡直毫無用處：因為海氏本人的措詞非常不易懂。儘管如此，他卻祇是要表達他自己所「見」（即清楚顯示出）的「現象」。我個人認為，介紹海氏思想時必須也逐步體驗到（「見到」）他所體驗到的事實。這也正是上文所引「於自身顯露自己者」的意思，海氏認為這就是「現象」一詞 (Phänomen) 的本義。我在介紹《存有與時間》時，將充分顧慮到這點。否則必然會流於不著邊際的毛病：那就是海氏所講的所體驗到的是一件事，而你所講的是傳統西洋哲學所想的理論或問題；這時海氏會罵你什麼也沒見到。不消說，海氏的體驗也未必每次都會使事物「本身顯示自己」，他也會以偏概全，因此不可盲目被他牽著鼻子走。另一方面我也經驗到好多次：起初似乎是啞謎的話，體會到以後始知含有至理。一再有過這樣的經驗以後，我就學會，還是謹慎從事為妙；但批判的態度仍不可失。

5. 此有、存在與自我

5.1　此有在海德格思想中的地位

　　毛澤東時代，去過大陸的外國人往往喜稱中國人為「藍螞蟻」，因為男男女女都穿藍色的毛裝。我自己在東京地下鐵道人潮滾滾中出來時，以及在臺北公館攤販中間穿越時，也不由自主感覺到自己消失在人群中。然而，我在公館卻也曾見到一位女店員於人聲鼎沸中定睛遐思：她是否在想她的家，她的男朋友，或者何時可去電影院，這一切我無從知曉，但我可確定她有自己的小天地。我也每次都見到許多男男女女在細心挑選芭樂。總之，每個人在公館都是有所為而來，有所為而去，每個人都是有名有姓有血有淚的自我，沒有一個人祇是「群眾」。《存有與時間》所要分析的，正是所有這些「每一自我」（海氏稱之為「此有」）的存在情況或存在性徵，並想指出此有在何種情況中才會成為純真地屬於他自己的自我，何種情況中的「自我」不過為物所牽連，或為「群眾」、「人們」所控制。

　　事實上，「此有」(Dasein) 在《存有與時間》中佔非常特殊的地位：因為它是存有顯示於此，而對一切存有者（包括它自己）提出問題的存有者，其特徵即理解存有。此有實即每一自我，其特點為「每一自我性」 (Jemeinigkeit)，而其本質即其存在 (Das "Wesen" des Daseins liegt in seiner Existenz, 42 三、四)。唯獨以這特殊存有者為出發點的存有學才算找到了應有的起點，而存有問題也有待此有的澄清，方能從被遺忘進入重新被記憶的情況。因此，《存有與時間》已完成之第一部份的標題如下：「應用時間性對此有的說明，並

以時間當作存有問題之超越視域而對時間所作之解釋」。如所周知，第二部份並未完成。實際上《存有與時間》除導引以外，僅僅包括第一部份之第一、二編，亦即〈準備性的此有之基本分析〉及〈此有與時間性〉。第二編也不過是第一編的延伸而已，二者前後連貫，構成第一部份標題所云「應用時間性對此有的說明」；標題中「並以時間性當作存有問題之超越視域而對時間所作之解釋」，實即未完成之「時間與存有」。因此，《存有與時間》計劃雖廣，實際上祇是應用時間性對此有加以分析與說明而已。

5.2　此有與存在性徵

《存有與時間》實際上既環繞著此有打轉，而此有實即每一存在的此有之自我，無怪乎許多人都把《存有與時間》視為人類哲學的一個新嘗試。然而這一說法卻與海氏的心意背道而馳，遭到他的激烈反駁：他絕不承認自己在從事人類學、心理學、生物學之類的反省。理由是因為此有分析著眼於每一自我的存在性徵，而所有其他學問均以普遍與抽象的範疇為主；海氏稱範疇為「非此有性存有者」(das nicht daseinsmäßige Seiende) 的存有特徵，唯獨存在性徵是「此有性存有者」的特徵（13 三，44 四）。本著同一理由，海氏批評笛卡兒把人視為「思想之物」或「靈魂實體」或位格，因為位格意指行動的最後主體，而最後主體仍不脫某種「非此有性存有者」的特質 (45–48)。亞里斯多德對人之「有理性動物」這一定義，基督徒稱人為「受造物」，狄爾泰、謝勒、胡塞爾等的人之整體或「位格性」等概念都受到海氏這一觀點的無情批判。甚至像一切體驗之最後攜有者，這樣的概念在他心目中仍不脫「非此有性存有者」的窠

臼 (48–50)。

　　現 在 讓 我 們 來 談 一 談 範 疇 (Kategorien) 與 存 在 性 徵 (Existenzialien) 的 區 別 。 凡 是 由 此 有 之 存 在 結 構 分 析 而 得 的 特 質 均 可 稱 為 存 在 性 徵 。「此 有 的 本 質 在 於 其 存 在」（42 三），這 句 話 的 意 思 是 ：此 有 為 了 他 自 己 ，對 自 己 所 已 是 的 一 切 有 採 取 態 度 的 可 能 性 ，他 可 以 成 為 真 屬 於 自 己 的 自 己 ，也 可 以 不 成 為 自 己 ，甚 至 失 去 真 屬 於 自 己 的 自 己 （12 四、五，42 五）。此 有 能 夠 替 自 己 作 選 擇 的 各 層 面 ，海 氏 即 稱 之 為 存 在 性 徵 ：人 之 繫 於 他 自 由 抉 擇 的 一 切 因 此 均 屬 於 存 在 性 徵 。反 之 ，肉 體 的 類 型 、種 族 特 徵 ，乃 至 心 理 資 質 等 等 則 均 屬 於 範 疇 。依 據 海 氏 的 說 法 ，範 疇 是 邏 輯 認 知 所 及 。「範 疇」一 詞 意 指 普 遍 的 陳 述 詞 ：無 論 是 亞 里 斯 多 德 的 十 個 範 疇 （九 個 附 質 加 上 實 體） 或 康 德 的 十 二 範 疇 ，它 們 所 陳 述 的 都 是 理 性 認 知 的 對 象 ，亦 即 海 氏 所 云 的 「手 前 之 物」(Vorhandenes, 43 二，44 四)。關 於 「手 前 之 物」與 「及 手 之 物」等 海 氏 專 用 詞 ，以 後 將 詳 加 闡 釋 ；這 裡 祇 須 說 明 ，「手 前 之 物」即 一 般 所 云 放 在 手 前 的 實 在 之 物 ，亦 即 通 常 所 稱 之 「實 有」（拉 丁 文 ：existentia）。手 前 之 物 即 海 氏 所 云 之 「非 此 有 性 存 有 者」，與 此 有 不 可 同 日 而 語 ：因 為 唯 有 存 在 性 徵 始 屬 於 採 取 行 動 的 此 有 ，其 他 特 徵 則 不 然 。這 並 不 是 說 此 有 沒 有 堪 稱 為 「手 前 之 物」的 各 種 條 件 ，而 是 這 些 都 不 屬 於 此 有 之 為 此 有 的 特 質 ，而 僅 以 存 在 為 其 本 質 特 色 。

　　一 如 我 在 第 一 章 (1.2) 所 已 指 出 ，存 在 性 徵 可 以 說 是 進 入 海 德 格 思 考 方 式 的 一 把 鑰 匙 ，沒 有 它 就 會 不 著 邊 際 。不 僅 「此 有」「自 我」等 概 念 藉 存 在 性 徵 始 能 清 楚 ，「世 界」「在」「關 念」「時 間 性」等 關 鍵 性 的 概 念 亦 然 。可 能 有 人 以 為 這 僅 於 前 期 思 想 適 用 ，後 期 思 想 經 過 轉 折 ，僅 言 存 有 而 不 再 言 存 有 者 ，也 就 不 必 顧 到 這 點 。實 則 海 氏

早已說過：「唯有藉前期所想過的始能理解後期所應想的」。存在性徵與時間性等前期思想內容仍為後期思想的核心，可於 1962 年 1 月 31 日所講〈時間與存有〉一文見之：這裡海氏依舊告訴我們，「到向、已是及現前並非同時在手前」❶。言外之意是說：它們屬於存在性徵，儘管這並不再明顯說出；因為非手前的到向、已是及現前三個動向 (8.1) 祇能藉此有的存在性徵才能摸到頭緒。

5.3　屬己自我與真實性

5.3.1　屬己與不屬己的自我

上文已指出，海氏思想中此有與「每一自我性」的密切關係：第一此有是我的（Des Sein des Daseins ist je meines, 41 二），不是別人的。然而此有的自我性卻可能有兩種基本不同方式，此有能夠自由選擇：他能夠選擇、爭取到屬於他自己的自我，也可能僅僅表面上爭取到，實則失去屬己的自我。屬己性與不屬己性 (Eigentlichkeit und Uneigentlichkeit) 及純真與不純真 (Authentizität und Unauthentizität) 可以說屬於海氏思想的核心部份。其實這一靈感來自使徒《聖保祿致得撒洛尼前書》第五章第一至八節所云「醒寤」的「適當時機」(Kairos)：「適當時機」不在於何時何日，也不在於時間是否久長，更不在於世俗的享受或成就，而在於清醒地面對純真的自己作純真的抉擇。這一思想經過祁克果與雅士培的提煉，成為海氏思想的核心部份。

要說清屬己與不屬己的自我，先必須了解海氏所云的自我是指

___

❶ M. Heidegger, *Zur Sache des Denkens*, Tübingen: Max Niemeyer, 1969, S. 14, 17.

什麼。一般的想法是：人的行為和生活經驗不息地在變，但變化後面有一個不變的主體 (subjectum) 或實體 (substantia)，它是人的一切行動和生活經驗的攜有者（114–117，130 三）。然而海氏卻一再強調上述看法和他所說的自我之間有極大差距。上文已說過，海氏反對把自我視為「非此有性」的手前之物；自我必須以存在性徵去了解。自我也並非祁克果所云之靈魂與肉體綜合成的精神，而是人對自己採取選擇態度的存在（117 二）。此有的自我即他的存在（117 一）。

5.3.2　共同存有與人們自我

海氏對「自我存有」、「共同存有」與「人們自我」的關係有如下的描述：

「自我存有」並非開始時以孤立狀態出現，他人也並非我以外的其餘一切。我原來就在他人之中，與他人不能分離（海氏這一看法已使他跟笛卡兒和胡塞爾的出發點 —— 孤立的自我 —— 採取距離，甚至可說已否定這一出發點的合法性）。人與人在一起，並不如其他非此有性的一切祇共同在「手前」而已，而是共同「關切」此世的「在世存有」。此有的世界是共同世界 (Mitwelt)，它的存有是與他人一起的「共同存有」（118 二）。即使是孤獨也是共同存有的一種殘缺方式（120 三下）。冷漠與不相識也是共同此有的存有方式（121 一）。

自我與他人在共同關切的世界中相遇。不僅是他人，就是我人自身，也需要「見到」「經驗到」周遭的「及手」事物方能找到我們自己（119 一）。人與人多半在工作時彼此相遇（102 三）。

此有對非此有性的事物之遇到稱為關切，但對於共同存有，我

人的態度是關心（Fürsorge, 121 三）。關心有兩種可能性：一種是代人關切一切，使被關心者不勞而獲，結果形成倚賴心，反使他不能獨立。另一種關心是暫時先代人關切，適可而止，在他能獨立時就讓他自己處理一切（122 二）。

在共同關切的世界中，以及在與他人共同存有時，此有往往不替自己留一絲餘地。人與人一起日常生活時，代替此有「自我性」出現的，往往是誰也都是、又誰也不是的「人們」(Man)。當我們應用大眾交通工具或大眾傳播工具時，我們都像是失去自我性：這樣與他人在一起，使屬己的此有 (das eigene Dasein) 完全消失於「他人」中間。這時每人都成為無足輕重，而「人們」就施展出它的魔力。「人們」都這樣欣賞、判斷、閱讀……，我們也就跟著一起欣賞、判斷、閱讀……（126 三，126–127）。當每一此有要做什麼決定時，「人們」就把他的責任全部接受過去：我非如此說如此做不行，因為「人們」都這樣說這樣做（127 四）。這樣，「每個人都成為他人，沒有一個人是他自己」（Jeder ist der Andere und Keiner er selbst, 128 二）。實則「人們」究竟是誰呢？它什麼也不是，誰也不是，它是「無人」(Niemand)。日常生活中的此有就這樣為「人們」所控制而祇是「人們自我」，屬己的自我不但無法浮現出來，而且此有把自己封鎖起來，根本不讓屬己存有浮現出來（129 三）。

這裡我們必須注意到：海氏所云的「人們」並非社會，而是此有固有的原初現象，是此有的存在性徵之一。這也就是說：日常生活中，此有的自我是人們自我。海氏並沒有說人們自我是低級或甚至不道德，而認為這是每個人（包括他自己在內）的「正常」情況。另一方面，「屬己的自我」(eigentliches Selbstsein) 在他思想中佔非常重要的地位，這也正是他獲自聖保祿的「醒寤」靈感；海氏又稱之

為「屬己地掌握住的自我」(eigens ergriffenen Selbst, 129 三)。因為日常生活中的自我被人們所分散，無法集中，必須努力找到純真的自我。關於這點，《存有與時間》的第一編第六章及第二編第一、二章都作了詳盡的剖析（本書第七章：7.3.2）。這裡僅須指出，海氏認為日常生活中的此有「最先而且多半為他的世界所眩惑」(zunächst und zumeist von seiner Welt benommen, 113 四)，完全生活在他所關切的事物及關心的人們之中，這也就是他所說的此有在日常生活中的陷溺（179 三）。但此有的存在投設如果包括自己的死亡，這時他掌握到自己的整個存有（自出生至死亡），並能接受他自己的本來面目，因之而對此時此刻作獨特的決定。唯有在這樣的存在抉擇中，此有才不再陷溺而掌握純真的屬己的自己。也唯有在決斷中，此有才真正開顯自己而在原初的真實中（297 二）。

5.3.3 真實性

到此，我們已由屬己自我說到另一題材 —— 真實性 (Wahrheit)。對於這一題材，海氏有非常特殊的看法：他的看法本來就是他最原初的靈感，後期思想中尤其突出；卻已在《存有與時間》中很明顯地表達出來。依據傳統的說法，真實性係認識與其對象的符合。海德格則認為真實性或真的存有 (Wahrsein) 是指揭示著的存有 (entdeckendes Sein)，真實性就是被揭示性和非隱蔽性 (Unverborgenheit)；希臘語 alētheia 也就是表示揭示或非隱蔽性 (215–219)。

開顯或揭示是在世存有的一種存有方式。向周圍觀察或停留瀏覽的「關切」才會發覺世間的存有者，後者也就成為被揭示者。被揭示者祇以次要意義才可稱為真實。主要的真實者是發覺或揭示

者——此有 (219–220)。因此，真理或真實性與開顯分不開：此有自身如係開顯，並替他人開顯，揭示給他人，這時此有就是真實的（221 一）；反之，此有如處於陷溺和封閉狀態，它就是不真實的。此有既具現實性，即與世界休戚相關，所以它必然地會陷溺自己，而處於不真實狀態。它必須努力奮鬥，纔能到達真實狀態 （222 三）。

不獨此也，第一編之最後一節 (§44) 之 C，根據上述的一貫構想直截了當地肯定一切真實性的相對性。因為真實性必然是此有的一種存有方式，它必然相對於此有：此有可能隨時放棄它，甚至在自殺的絕望中毀滅它（227 四，229 二）。所謂真理的普遍有效性也植根於此有的揭示以及讓事物被揭示的慷慨態度（227 四）。例如，牛頓的定律在他以前既非真亦非不真：牛頓所揭示的存有物固然原先已然，但唯有在被揭示以後，此一存有物本身始可為此有所接近。此有揭示的存有方式才是真實性（227 二）。下面這二小段更表達出海氏的心意：「存有與真實性與此有具原初的連繫。也唯獨因為此有的結構為開顯亦即理解 (Weil Dasein ist als konstituiert durch Erschlossenheit, das heißt Verstehen)，存有根本才有被理解的可能」（230 一）。「唯獨有真實性，才有存有。也唯獨有此有，才能真實性。存有與真實性是同樣原初的」（230 二）。真實性與開顯則是和理解 (Verstehen)、關念 (Sorge) 與時間性 (Zeitlichkeit) 一起的現象（230 三，303–304）。理解、關念與時間性這些現象本書將在第七、第八章中才剖析。但這裡我們已可見到，海氏所云的真實性與存有同具原初性，而且也是存有開顯的必具條件。存有既是海氏的中心問題，真實性當然也是；它本來就是此有理解自己的屬己時間性。一如上文所言，屬己的時間性藉決斷始能出現。這樣的真實性與中

世士林哲學所云「理智與事物相符合」(adaequatio intellectus et rei)
的真理不同。海氏認為這樣的真理觀來自陳述 (Aussage)，而陳述則
源自事實的反映 (215–218)。這一類型的符合之真，以後海氏將稱之
為「正確性」(Richtigkeit)❷。真實性與真將僅指純真的屬己性。

　　有了這一基本了解，一方面我們更容易體會到海氏思想與其他
思想的基本不同。儘管他曾深入研究傳統形上學，應用的也是傳統
形上學習用的哲學名詞，實則他所真正關切的並非傳統形上學純用
理性所接觸到的理論問題，而是直接牽涉到每一自我（此有）的存
在真實性。胡塞爾 (E. Husserl) 的「先驗自我」始終在「正確性」圈
子中打轉；當然，我們應用此詞時，可以把它的意義加以轉化或擴
充，但原來的意義往往還是會從中干擾。海德格所云此有的真實性
似乎更接近莊子所云「不知說生，不知惡死」的「真人」（〈大宗師〉
第六）。

---

❷　M. Heidegger, *Wegmarken*, Frankfurt am Main: Vittorio Klostermann, 1978,
　　S. 199.

6. 在世存有的「在」與他的世界

第四章第二節〈討論的問題〉(4.2.1) 中曾引用海氏的話，指出此有的本質特徵之一是「在世存有」(13 三)，更指出「自我存有」（此有）一開始就和「他人」休戚相關：他不但是和他人一起關切事物的「在世存有」，而且是跟他人一起的「共同存有」。這裡將繼續討論此有之在世存有特質。

6.1 「在世存有」及其「在」

要如讀者記得上文所云的「存在性徵」，那就應該在這裡提出問題：從存在性徵的角度，「在世存有」究竟何所指？首先，「在世存有」係統一現象，不能分割為部份，而僅可逐步分析其結構（53 三）。「存有」這裡是指此有的特殊存有方式，亦即此有的存在特質。「在」與「世」則是此有的存在結構。下面將詳細剖釋這些答案。

6.1.1 寓有與關切

海德格在這第一編第二及第五章都討論了「在世存有」的「寓有」(In-Sein，亦可譯為「在有」，但「寓有」更雅)；第五章更長達五十頁。可見此題材在海氏心目中的地位。首先海氏指出「寓有」是「此有的存有特質及存在性徵」(54 二)，而非手前事物的手前特質。「寓有」的「寓」並不指水在杯中、衣服在衣櫥中這一類非此有性事物的「在」，這樣的「在」以「手前存有」或範疇性的空間為基礎（54 一，56 二）。此有的「在」則指「住」「停留於」「習於」等等。「在世」的意思是指：我住在世間，我停留在世間，我習於這樣

的世界（54 二）。此有與「在世」不能分離；它並非孤獨的存有者，並不是可以任意與世界發生關係或不發生關係，而是必然地與世界發生關係 （57 二）。海氏所云的世界實係此有所理解的 「精神世界」，因此動物沒有世界❶。

寓有與世界的必然關係之一是「關切」(Besorgen)：此有在世界裡始終有一些事要做，要造成什麼東西，要照顧、應用、捨棄、諦視什麼東西，這就是海德格所云的關切 （57 一）。寓有與世界的另一關係是認知。但海氏認為後者基於關切，因為此有的原始狀態是關切外物，投注於外物；僅於我人對外物採取某種距離時，方能採純粹的觀察態度 (Aussehen, eidos)。然而，即使是純觀察的理論認知也離不開某種方向的採用 (Dieses Hinsehen ist jeweils eine bestimmte Richtungnahme auf, 61 三)。因此絕對的「客觀性」不可能。海氏的這一看法視認知為基於此有之在世存有特質的後起現象。以後我將說明，這無異是肯定意志與情緒的優先性。另一方面，人的理論認知也受此有所採主觀方向的影響，卻也是一項彰彰在人耳目的事實。海氏能簡單明瞭地說出這項過去被忽視的事實，不能不說有其過人之處。

6.1.2 寓有之「寓」與「在」

然而，在世存有之「寓有」的活動範圍卻不僅限於關切及認知，而是包括「寓」之存在意義的無所不包的開顯。所謂「寓有」即「存有在此」 (Da des Seins) 亦即 「此有」。以手前性或範疇而言，「在此」是指某一空間，但以存在性徵而言，「在此」即指此有開顯自己

---

❶ M. Heidegger, *Einführung in die Metaphysik*, Tübingen: Max Niemeyer, 1966, S. 34 三.

及其精神世界。這一意義的「寓」與「在」非常符合中文「存」
「在」二字之原義。

《說文解字》就說：「存（恦）恤問也」。因此《戰國策》有
「大王無一介之使以存之」(〈秦策〉五) 等語；《禮記・月令篇》所
云「存諸孤」及〈祭義篇〉「致愛則存」等句中的「存」字都有思念
之意。而「在」字的原義也和「存」字相同；《說文解字注》指出
「今人於在存字皆不得其本義」，就是因為原來二字均指體恤、溫
存、思念等義❷。這一意義的「在此」或「寓此」即指此有對自己
及其精神世界的開顯：「此有即其開顯」(133 一)。「寓」與「此」
以存在性徵而言都不指範疇性的空間，而是指開放與顯示。事實上，
「心不在焉」以存在性徵而言就是「不在」。

6.1.3 寓或開顯之三重結構

那末寓有如何開顯自己及世界呢？這裡海德格列出「寓」或開
顯的三個存在結構，即心境、理解、言說 (Befindlichkeit, Verstehen,
Rede)。所謂「寓」的存在結構，亦即此有開顯自己及其世界的三種
方式。這三種開顯方式並非並行地各不相涉，而是以下列方式互相
重疊：首先是心境的開顯，接下去的理解隨著心境的開顯而一起出
現，言說更是隨著心境與理解的開顯而跟著出現。這也就是說，「寓
有」的開顯首先顯示出自己的心境，接著對顯示的心境加以理解，
最後把所理解的對自己說出。海氏所云開顯之三重存在結構，可以
說是針對西洋哲學片面的主知說之當頭棒喝：從亞里斯多德、多瑪
斯、笛卡兒乃至當代的實證論及胡塞爾等思想，都以為知性是人的

❷ 段玉裁注，《說文解字注》，臺北：藝文印書館，民國六十三年，頁 750
（十四下二六）。

主要特色。用海氏的語言來表達，這些見解都以為理性認知是此有開顯的唯一或主要途徑。海氏卻一反此說，一貫主張理性認知植基於存在結構中的理解，而後者又基於心境。一如下文所言，海氏未免有傾向主意說之嫌（134 三），但他糾正了西洋哲學的一個弊端，可說功不可沒。

6.1.3.1 第一重結構——心境

此有被帶至他的所在情況 (Da) 時即有了心境 （134 三），這也就是說，此有首先發覺他自己的內在及外在情況。本來我想把德文 Befindlichkeit 譯為「情境」。但海氏指出這是「基本的存在方式」（existenziale Grundart, 139 五）；譯為「情境」容易被誤解為純粹的外在情況。實則無論是內在或外在情況均由此有所顯示，因此都可包括在「心境」以內。

此有的心境顯示出五花八門的內外情況，包括被投擲性，世界，共同此有與一己的存在，受外在世界所影響，恐懼和憂懼（135 二，137 一、二，140–143，184–191）。首先，他發覺自己的「被投擲性」（Geworfenheit dieses Seienden in sein Da, 135 二），不知何由而來 (Woher)，也不知其何所去 (Wohin)。這樣的心境並不因理性的信念而消除：一個人儘可用理性的理由使自己確信已解決何由來、何所去等問題，但心境還是一點不饒人（136 一），使他迷茫不安。民國五十九年一月底投海自盡的中國文化學院三年級女生吳錦芳，自殺前寫了一封信給她的知心好友徐月琴，裡面幾句話可以作「被投擲性」的註腳：「我不曉得該往那兒去，月琴，我從何處來，無人知曉；我到何處去，風吹，海濤，無人知曉……。」（《聯合報》，民國五十九年二月二日）這樣的心境並不限於想自殺的人才有。以我自

己的經驗而言，不知何所由的迷茫情況於十餘歲時最容易發生。

依據海氏的描述，被投擲性往往使人感到「是如此而且不得不然」（135 二），想轉身逃避（136 二）卻又無可奈何。

每一此有周圍的這些實際情形，海德格稱之為「現實性」(Faktizität)。現實性這一概念，一方面指此有的「在世存有」，另一方面表示，他和他在世界中所遭遇到的手前存有物之間休戚相關（56 一）。此有既必然地是「在世存有」，所以不能脫離現實性，而且會理解它是自己的命運（56 一）。現實性卻不限於手前事實，而且也是此有必須面對的存在情況（135 二）。

除去被投擲性以外，《存有與時間》剖析得最多的二種心境是恐懼 (Furcht) 與憂懼 (Angst)。恐懼的原因是此有受到威脅，威脅的來源可能是事物（及手及手前之物）或別人（共同此有）（140 二）。但恐懼的最後「為什麼」(Worum) 卻始終離不開此有自身：某種確定事物之所以成為可怖，是因為它對此有構成威脅（185 四）。反之，憂懼是無影無蹤的，其對象完全不確定（186 三）。我所以要把 Angst 譯為「憂懼」，是因為它本來有「怕懼」的成份，甚至會使人怕得要死。德文稱怕黑、怕鬼以及做惡夢以後的怕為 Angst，就是這個道理，那不祇是一種「焦慮」而已。依海氏的說法，憂懼的對象是「在世存有」本身。陷溺使人與世間事物及人們相浮沉，並使人逃避屬己的自我（185 四）。這時，憂懼會使人突然感到世間事物完全陸沉（Sie sinkt in sich zusammen, 186 三），卻不知道憂懼什麼，祇覺得世界變成無關緊要（186 三、四，186–187），而共同此有對你也無能為力，使你孤零零面對純屬你自己的「在世存有」（187 四）；更使你在不愁吃不愁穿的情況下感到心不安舍 (188–189)，領悟到屬己與不屬己的可能性（191 一）。

海氏稱憂懼為「基本心境」（184，§40 標題），並在一則註腳中 (190) 提及奧古斯丁、路德與祁克果對此題材的貢獻，足徵他對此非常重視。1929 年發表的「什麼是形上學」演辭中，海氏更指出無聊 (Langweile) 與憂懼顯示出空無 (Nichts)，使人體會到「存有者整體溜走」(das entgleitende Seiende im Ganzen) 的經驗，並使人徹底體會到人的有限性❸。

6.1.3.2　第二重結構——理解

海氏稱理解與心境都是此有之原初存在結構：隨著心境的開顯而展示出理解。此有首先藉心境體會到自己的所為何事 (Worumwillen)，他體會到自己是為了他自己；這也就是他對自己的理解，並在這一理解中同時開顯出世界的指意性 （Bedeutsamkeit, 143 二）。理解的開顯因此同時牽涉到此有所為何事及世界的指意性（本章第二節將討論指意性及世界性：6.2.3），這是了解海氏所云「理解」一詞的樞紐。從所為何事這一層面，此有在心境中已顯示自己的投擲性；進一步發現自己已被投擲到投設的存有方式❹。投設或設計並非說依預定計劃行動，而是說此有一直替自己投設，而且非投設不可，亦即投設出各種可能性。這樣，此有的開顯顯示出可能存有：此有的存有方式即其多種可能性（145 二）。

---

❸　M. Heidegger, *Was ist Metaphysik?*, Frankfurt am Main: Vittorio Klostermann, 1969, S. 30 二, 31 四, 34 二, 38 二.

❹　這一名詞的德文是 Entwurf，英文譯為 Project，過去一向的中文譯名是「設計」；大陸中文本譯為「籌劃」意思也差不多。但因海德格很強調原文此詞源自動詞 werfen（投擲），幾經周折，最後我決定譯為「投設」。無論如何，它不應該譯為「投射」，因為「投射」在心理分析中有特定的意義，而海氏絕沒有意思講那一類的投射作用。

理解以其投設特質構成了此有的著眼點 (Sicht)。這所謂「觀點」與「見到」(Sehen) 不僅指感官的看見，也不僅指對手前事物的非感官察知，而是以存在性徵意義指讓存有者及存有不受閉塞地顯示出來的門徑 （Zugang zu Seiendem und zu Sein, 147 一）。這所謂 「門徑」既是存在性徵，因此是此有由其不同投設而形成的不同態度。海氏把著眼點分成三種 （146 三），即關切事物的實見 (Umsicht des Besorgens)，關心人的照顧 (Rücksicht der Fürsorge)，以及對此有之存在本身的澈見 (Durchsichtigkeit)。海氏在這裡又充份表達出認知 (Verständigkeit) 植基於關切的實見這一看法；康德所云的「直觀」與「思考」，胡塞爾所云的「本質直觀」均不脫這一窠臼（147 二）。

6.1.3.2.1　理解與詮釋

理解的投設必須向多種可能性開展，其實際上的開展，海氏稱之為詮釋 （Die Ausbildung des Verstehens nennen wir Auslegung, 148 三）。因此「詮釋不僅係被理解事物的認知而已，而是理解中投設的可能性之開展」 （Ausarbeitung der im Verstehen entworfenen Möglichkeiten, 148 三）。從《存有與時間》第三十二節看來，詮釋的對象限於對事物的關切，而一點不提及對人的關心與對此有本身存在的澈見。關切所首先開顯的對象是可用的及手之物 (das Zuhandene)。一如本章下一節即將剖釋，一切準備、製作、改良、補充等動作均與某種「為了」(um zu) 現象有關。所「為了」的指向不同，理解中的詮釋所形成的觀點不同，所見到的事物也就不同 (6.2.2)。

海氏又進一步分析日常生活中「實見」詮釋的基礎，那就是先起整體 (Vorhabe)、先起觀點 (Vorsicht) 及先起概念 (Vorgriff)。先起整體是一樣事物可應用的整體；先起觀點從整體中採取某一特定點

而加以注視；先起概念則是暫且或永久地預先決定採用某些概念架構（150 二）。毫無疑問，海氏認為這三重先起性早已在任何認知活動以前發生影響。因此詮釋絕非毫無預設地把握到直接呈現的事物（這裡他又未指名道姓地批判了胡塞爾及西方的主知傳統）。即使是所謂嚴密的字句詮釋也是以詮釋者先入為主而未經討論的觀點為基礎（150 三）。

先起整體、先起觀點及先起概念又如何產生的呢？很奇怪，海氏似乎並未專門討論這一問題。大約他是以現實性或被投擲性來解釋。但即使是人的現實條件，海氏也從存在抉擇的觀點來看：事實上人是對自己的現實性採取立場。即使是消極地任現實性擺佈，也是一種存在抉擇。

「具先起整體、先起觀點及先起概念之結構的投設的去向 (Woraufhin des Entwurfs)，藉之某物被理解為某物」，這就是海氏心目中的意義（Sinn, 151 三）。這又是以存在性徵去了解海氏思想的極佳實例：他所云的意義，首先是指此有投設的去向；事物之被理解則是後起的。唯有如此，「唯獨此有能夠是有意義或無意義」，這句話才能了解（151 三下）。

詮釋與其衍生的意義既來自此有投設的去向，那末學術性（包括自然、社會與人文科學）的嚴格證明是否成為不可能？學術性的證明不應預設所要證明的任務，而詮釋卻必然有其先起結構，這豈非惡性兜圈子或循環論證 (Circulus Vitiosus)？海氏卻指出這不是理則學中的圈子，而是詮釋的圈子，後者是圈子事實 (Faktum des Zirkels)，無法否認。想要創造一種完全不受觀察者立場 (Standort des Betrachters) 影響的歷史學，終究是個幻想。即使是對自然界的認知，也並非沒有預設（152 三）。這一見解目下早已由孔恩的典範

說而為世所公認❺。既然如此，海氏認為決定性的任務並非從圈子出來，而是怎樣能夠以正當方式進入圈子：這也就是說，不可讓一時的心血來潮或民間通俗概念來決定先起整體、先起觀點及先起概念，而應從事實本身去採取學術題材（153 一）。至於如何具體達到這點，海氏就不再細述。無論如何，《存有與時間》第三十二節最後三段卻充分說明：海氏所云詮釋與圈子均係此有存在結構的現象（Phänomen in der existenzialen Verfassung des Daseins, 153 三），絕不可視為手前事物。但他既指出由事實本身決定而進入圈子的正當方式，可見他並不否定有客觀事實。這也就是說，海氏的確奠定了現代詮釋學的基礎，讓他的學生如高達美❻及波爾諾夫❼等繼續發揮。海氏既一貫地從存在性徵立論，當然會強調存在結構比較主觀的一面，但這並非否定還有客觀事實的一面。他之所以對此語焉未詳，是由於他既定方針及取材的限制。

6.1.3.2.2　詮釋與陳述

《存有與時間》的第三十三節是要強調陳述祇是詮釋的衍性狀態 (abkünftiger Modus der Auslegung)，而西洋哲學卻一貫視陳述與判斷為真實性之所寄 （"Ort" der Wahrheit, 154 二）。海氏認為理則學及陳述植基於理解與詮釋，而一般所云的理則學則是把 logos 視為手前之物，亦即主詞與述詞的集合（肯定句）或分離（否定句）

❺ Thomas S. Kuhn, *The Structures of Scientific Revolutions*, Chicago: The University of Chicago Press, 1970.

❻ Hans-Georg Gadamer, *Truth and Method*, London: Sheed & Ward, 1975.

❼ Otto Friedrich Bollnow, "The Objectivity of the Humanities and the Essence of Truth," *Philosophy Today*, Spring, 1974, pp. 3–18.

(159–160)。以存在性徵而言，陳述是「通知而限定的指示」（Mitteilend bestimmende Aufzeigung, 156 二）：例如「鎯頭太重」一句表面上是單純的陳述，表示鎯頭有重的性質；其原初的存在性詮釋意義則是放下並更換一個不合適的工具。「鎯頭太重」這一句子的先起整體是及手之具，其先起觀點是關切的實見，這才是這一陳述句基於理解與詮釋的存有學源頭 (157–158)。

6.1.3.3 第三重結構——言說

　　一如上文所已指出，「在」或「寓」以存在性徵而言即此有的開顯。此有在心境中藉投設與詮釋而理解自己及世界以後，就會進一步以言說表達出來：言說 (Rede) 就是「可理解性的清晰表達」(Artikulation der Verständlichkeit)，而在詮釋及言說中可資表達的就是意義 (Sinn)。因此言說是詮釋與陳述的基礎，它與心境和理解同樣具原初性：在心境中理解到的指意整體關係藉言說表達出來。可理解性的指意關係整體發為語詞，而不是空洞無意義的語詞 (Worte) 被賦以意義（161 二）。

　　我之所以接受「言說」這一譯名❽，是因為它不是通常所用的名詞，不易與日用名詞相混。一如上文所言，言說是此有的存在性徵，亦即此有向自己開顯自己及世界的固有方式，它尚非針對別人的語言 (Sprache)。後者則是「言說之對外說出」(Die Hinausgesprochenheit der Rede)。語言是語詞組成的整體，是及手的可用之物；因此可以分割成語詞；分割的各部份則已成為沒有直接用途的手前之物（161 三）。

　　此外，言說既是此有存在開顯的一種方式，因此傾聽與靜默也

---

❽　就我所知，沈清松教授開始應用。

屬於言說的一部份（161 四），它是此有以共同存有資格對別人的存在性開放，同時也是對他自己最屬己可能性的開放（163 三）。這些話的意思是：此有本來就有成為屬於他自己的可能性，這一可能性就像呼叫他的聲音；可是此有可能傾聽，也可能不傾聽它的聲音。同樣地，此有可能傾聽別人的見地與需要，但也可能閉耳塞聰。傾聽的存在性開放因此可能是追隨、一起走，也可能是反面的不聽、反對、拒絕、轉身。一如上文所云，言說是此有向他自己表達出可理解性。因此，「純真的言說中屬己的靜默才成為可能。要能夠靜默，此有必須有可說的東西，也就是必須對自己具有屬己而豐富的開顯。這時靜默才能立足，而把閒言閒語控制住（165 一）。」言說與靜默很明顯地都是此有理解自己與世界的存在形態。

此有把「可理解性」清楚地向自己表達以後，進一步就會用語言 (Sprache) 向外表達出來。海氏以為亞里斯多德對人的定義（「人是有 logos 的動物」）應譯為人是會說話的動物（165 二）。一般人則把言說視為陳述，把 logos 與理則學 (Logik) 視為一件事，這是以「手前之物的存有學」 (Ontologie des Vorhandenen) 為基礎 （165 二），而不是把言說視為此有的存在性徵。

6.2 在世存有的世界與世間存有物

6.2.1 世間存有物及其實在性

要了解這一標題，必須馬上想到此有就是在世存有。上節已說明此有之「在」或「寓」即三重開顯，此有所開顯者亦即他的世界。一如上文所云，世界就是此有的精神世界。「世界性」及「世界的」(Weltlichkeit, Weltlich) 等詞依海氏用法均指此有的存有方式，亦即

此有「生活」之所寄（Worin ein faktisches Dasein als dieses lebt, 65
二）。手前之物則被稱為世間的 (innerweltlich) 或世間存有物。此有
的世界為上節所云的此有所開顯，而及手與手前之物則均於此有的
世界中開顯出來。海氏這一說法並非唯心論，而是從存在性徵觀點
來看，此有的精神世界居先，而手前與及手之世間存有物藉之而開
顯。王陽明下面的話也頗接近：「天沒有我的靈明，誰去仰他高？地
沒有我的靈明，誰去俯他深？……今看死的人，……他的天地萬物
尚在何處？」❾

　　海氏不但不主張唯心論，而且認為世間存有物的實在性根本不
需要也不能證明（207 二）。笛卡兒與康德之所以一味想證明外界事
物的實在性（203 二、三），是由於陷溺於世間存有物而不自拔所致
（206 三）。他們先把存有限於世間存有物，接著跳過「及手存有
物」不論，而以「手前存有物」為實在事物（201 二）。實則世間存
有物已藉「寓世存有」而開顯。狄爾泰 (Dilthey) 認為衝動與意志所
經驗到的阻抗性足以解釋實在性（209 二）；海氏則主張阻抗的經驗
也是藉此有的開顯才能顯示：唯獨關切的此有才會遭遇到阻抗的世
間存有物（210 三，211 一）。實在性與世間存有物因此僅藉此有的
世界性而被開顯：此有既藉關念而遭遇世間之物，因此實在性僅由
關念獲得說明（下一章）。海氏這一看法與觀念論與實在論都有接近
之處，而又都有所不同：觀念論強調實在事物藉先驗的認識主體始
能呈顯（208 二），海氏也主張存有物僅藉存有而開顯，存有卻不可
由存有物來解釋 （207 三）， 卻又反對把存有物歸諸主體的意識
（208 二）；另一方面海氏的實在論卻又藉此有的世界性及關念來解
釋。

---

❾　　王陽明，《王陽明全書》，臺北：正中書局，民國四十四年，頁 104。

　　世界性既是此有的基本特質，而世界又僅由此有的開顯而來，因此海氏心目中的世界並不限於物質世界或「現世」。他所云的世界本來指人所生活的「處所」（Worin, 65 二）或「精神世界」❿。〈論人文主義的信〉中，海氏特別指出「世界」並不與上帝的超越性相對，也不與宗教事務相對，而是指「存有的開放性」(Offenheit des Seins)；世界就是存有的開顯 (Lichtung des Seins)⓫。從這一理路開展，海氏後期思想把人的生存空間或住所 (die Stätte des Wohnens) 寄放在天 (Himmel)、地 (Erde)、神 (die Göttlichen)、人 (die Sterblichen) 四者之間；失去了這精神住所以後，人就成為無家可歸而發生居住的困境 (Wohnungsnot)⓬。

　　「世間存有物」(innerweltliche Seiende) 即藉此有的世界性而開顯，因此它們本身不過是屬於世界 (Weltmässig) 而已。下面就是海氏由此有的世界性所剖析的世間存有物之世間性 (Innerweltlichkeit)。

6.2.2　及手物與手前物

　　首先，海氏指出此有的世界並非由純粹的認知對象所接觸到，而是藉操作與應用的關切（das hantierende, gebrauchende Besorgen, 87 一）。根據海氏，我人所關切而加以操作和應用之物，希臘文稱為 Pragmata，表示人對之有實踐或關切的來往 (Praxis=besorgender Umgang)。人所關切地來往之物，海氏逕稱之為「具」(Zeug)：實際

---

❿　同❶, S. 34。

⓫　M. Heidegger, *Wegmarken*, Frankfurt am Main: Vittorio Klostermann, 1978, S. 346.

⓬　M. Heidegger, *Vorträge und Aufsätze*, Teil II, Pfullingen: Günther Neske, 1967, S. 33–36, 52–53, 70–71.

操作應用時它們可以是寫具、縫具、工具、駛具、測具等等（68
二）。具之本質是「為了」(um zu, in order to)，例如為了住、寫、
縫、駛行、測量等。「為了」的結構是由某物向某物的「導向」
(Verweisung)。導向的多樣性構成具之整體性。例如四壁之間的空間
形成「住具」——房間，裡面的各種設施（如門、窗、櫥、桌、燈）
則使房間充實起來，因此屬於住具之整體 (68–69)。具之存有方式，
海氏稱之為「及手性」(Zuhandenheit) 或「可用性」❸。跟及手或可
用事物的應用及操作之往來以某種著眼點為前提：關切之往來的著
眼點稱為「實見」(Umsicht, 69 二)。一如上節所云，它是理解之投
設特質的三種著眼點之一。

　　以及手性或可用性視之，正在製作之物是鎯頭、釘、鉋子等的
目的 (Wozu)，本身則又有「為了」的存有方式；木頭、皮、鐵這些
自然界物品也以材料身份堪稱為具，甚至樹木、山、河、風、太陽
亦然（70 二、三、四），路、橋、建築物和大自然也以「共同及手」
身份為可用。因此，世間一切幾乎都可稱為及手之物。我人周遭的
大自然 (Umweltnatur) 也是以其可用可操作的身份顯示於此有　（71
一）；因此周遭是及手存有物。

　　《存有與時間》格外在第十七節討論一種特殊的具——符號
(Zeichen)。它是基於導向功能的具（82 二）。海氏撰寫此書時，汽
車左右剛好有了紅色箭頭：不用時垂下不動，汽車向左右轉時，箭
頭會向左右豎起。這樣的裝置五十年代尚能見到，以後就為閃爍的
燈光所取代。海氏稱紅色箭頭是屬於交通工具及交通規則的「導向

❸　「可用性」這一譯名亦係沈清松教授建議，頗能達意而通俗易喻，因此我
　　在第三版《現代存在思想家》（東大，1986）中廣為應用。但上課時學生
　　和我不約而同地發現，這譯名並不普遍適用。

6. 在世存有的「在」與他的世界 | 87

整體」之一部份。這樣的符號讓「實見」對周遭的周遭性能夠一覽無遺（Übersicht, 82 二，79 二）。

到此為止，我們都是以此有操作與應用時的關切來說明及手存有物或及手之物。但我人在分類時卻往往習於用亞里斯多德的方法，把存有物分為可用與不可用，似乎手前存有物的概念先於及手或可用之物。海德格卻期期以為不然，他認為及手或可用之物在實際生活中有其先起性：及手或可用之物不再可用而成為累贅時，或者我人根本無暇關切，這時事物才僅係「手前之物」或「現成之物」（nur noch Vorhandenes, 73 二、三）。所謂手前之物的手前性（Vorhandenheit, Vorhandensein, 42 二），實即中古哲學及通常所云之「存在」❶。依據海氏的說法，由某物向某物的導向關係被破壞，或根本未進入關切範圍以內時，才會有純粹手前性的現象（74 五，73 三）。

建立了手前之物這一概念以後，海氏就對笛卡兒的哲學加以批判。這一批判的骨幹在於指出笛卡兒用及手之物概括存有（98 一）：無論是物質（延展之物=res extensa）（91 中），或者是非受造物及受造物（Ens increatum et creatum, 92 二），這樣的世界觀都是把存有限於「持續的手前性」（ständige Vorhandenheit, 96 一）。笛卡兒以為物質世界是具長、寬、高的延展之物，延展性則可以堅硬及抗力來解釋（91 中）；然而堅硬與抗力僅由人或生物而顯（97 三下），因此它們並非最原初的現象。

附帶地海氏也批評了洛宰 (Lotze) 所云的價值及有效性 (Wert und Geltung)，這兩個特質必須屬於某項事物，其本身又必然具手前性（99 二）。

---

❶ 本文中這一名詞除特別標出以外，一律指海氏所用之特殊意義。

海氏對笛卡兒與洛宰的批判其實都曾加諸亞里斯多德、狄爾泰、謝勒、胡塞爾（參考前一章）。依據海氏，這一類思考都把手前存有物視若存有。

6.2.3 世界性與空間性

方才已說過，及手之物具某物指向某物 （為了） 的導向結構 (83–84)。唯獨此有才能理解存有。依海氏所云，此有以三重結構開顯自己，即心境、理解、言說；藉著理解，此有體會到自己是為了他自己，並藉著投設而形成對事物之關切的實見。實見的著眼點使各物之間的關係有所導向 (某物指向某物)。導向關係的關係特質稱為指意 (bedeuten)。此有的關切才指意出「為了」(um zu)、「藉此」(womit) 種種用途。這些導向關係的整體稱為「指意性」(Bedeutsamkeit, 87 二)。導向的彼此關係成為指意性時也就是世界性 (88 二)。及手之物之間的導向關係既來自關切的此有，所以唯獨此有具世界性，他是一切導向關係的中心點。一如上文所云，也唯獨此有享有世界。

海氏所云的世界與世界性既為此有獨佔，空間性 (Räumlichkeit) 亦然。此有藉其關切與熟悉的「寓有」資格，使及手之物進入指意性的領域；更由於此有對世間之物 (世間存有物) 有關切而熟悉的往來，因此有接近與方向二個傾向 (105 三，108 三)。此有之接近傾向 (Tendenz auf Nähe) 堪稱為消遠性 (Ent-fernung)❶，藉此而顯示出一樣事物的遠近 (105 二、三)，並設法消除距離。最接近的是可

---

❶ Entfernung 德文中之一般意義指距離遠近。海氏把此字中間加上短線，變成 Ent-fernung，遂有消除距離的意思 (Verschwindenmachen der Ferne, 105 二)。

以達到、攫取得到、看得到、聽得到的東西。因此眼鏡雖騎在鼻子上，但因看不到，因此其他事物反而顯得更接近我們。電話聽到的聲音亦然。決定遠近的因此是「實見的關切」，在它圈子中的就顯得近（107 一、二）。「實見的關切朝著方向消除距離」(Das umsichtige Besorgen ist ausrichtendes Ent-fernen)。方向與消遠性因此是空間性的二個要素：二者都是此有之關切的實見所產生，二者都是此有的存有形態（Seinsmodi, 108 三）。

藉著上述分析，海氏認為空間藉空間性顯示出來，反過來的想法卻不是事實：此有所發現的距離及方向才開顯出空間（110 三）。這一來，空間與世界的關係就與一般想法不同：空間既不在主體以內，世界也不在空間以內（Der Raum ist weder im Subjekt, noch ist die Welt im Raum, 111 三）。空間並非主體所虛構，而是由於此有具空間性；所以它以「在世存有」資格在世界以內發現空間。就這一意義來說，海德格認為空間「在」世界以內（111 三）。

關於臨近與方向之為「實見」的著眼點所顯示，海氏尚以「具」的用途來說明。一如上述，凡對人直接間接可用之物，海氏均稱為具。應用或想應用時，就會發現「具的有方向之臨近」(Die ausgerichtete Nähe des Zeugs, 102 三)。相互指向的具之彼此關係全部稱為「地方」(Platz, 102 三)，關切的往來所預先見到之可能的具之互屬稱為「區域」(Gegend, 103 一)。這樣的區域中，世間之物的方向及遠近均由實見所顯示的具之整體性而顯示（103 二）：這樣空間分散為地方，地方的區域顯示於關切的往來（104 二）。區域的方向才使我們具體地發現上、下、左、右及東、西、南、北：屋頂為上、地板為下，門有前後（102 二），房子有朝太陽（南）面及朝風（北）面 (103–104)，教堂的祭壇座東（太陽出來一面），門前的墳

地朝西（太陽下山一面）（104 一）**⑯**。

　　空間的長寬高三向度最初融化在實際生活的及手之物中。和實際生活的實見採取距離的理論性純見才使空間之周遭的區域中立化，而成為純粹的向度（reine Dimensionen, 112 二）。

---

⑯　教堂門前附帶墳地，這在德文地帶的鄉村幾乎觸目皆是。每逢星期日，許多墳上都換新花，充份顯示出對已死者的懷念之情。

7. 關念、其完整性及其屬己性

上面已闡述了《存有與時間》對此有、存在、自我、此有之「在」的方式及世界性的看法,足以見到海氏前期思想雖然一開始就要對存有之遺忘有所補救,卻是以人的特殊存有方式為起點及重點。現在所要論述的「關念」也是如此:它不過表示此有現象的完整結構而已。海氏以「關念」為樞紐,從而開拓出他的「時間性」概念;因此從第一編第六章一直至第二編第六章,都將繼續發揮「關念」的特質。

7.1　此有之完整結構——關念

一開始講此有的完整性,海氏再一次強調,此有之完整結構不可視若「手前之物」或「現成之物」,因此其完整結構之完整性並非由原素集合而成(181 四),而應透過心境的體悟和可能性的理解開顯出來(182 二)。

一如上文已經說過,海氏把此有或寓有的「在」或「寓」釋為開顯,心境、理解與言說即其三重結構。心境顯示出此有之內外情況,可以說就是一般所云意識的全部領域。但「意識」一詞往往被濫用為理性的認知,因此海氏一概不用。依海氏的用法,心境使人體會到自己的被投擲情況、陷溺性及存在性。心境體會到日常生活中的此有以在世存有的方式出現:首先他關切及手或可用之物,同時關心別人,卻始終以他自己為出發點。此有的自我首先是不屬己的人們自我,卻以最屬己的可能性為要務(181 二)。此外,人的意願、希望、傾向與慾望、恐懼、憂懼等均由心境所顯示(182 四)。

心境所顯示的基本現象卻是此有本身的「所為何事」及對自己的理解（142–143 一、二），亦即體會到「此有被投擲於投設的存有方式」，此有必須對自己的可能性加以抉擇（145 二）。此有之被投擲性、陷溺性與存在性三者構成的完整性，海氏稱之為「關念」(Sorge)。這一中文譯名雖不常見，卻能包括「關切」「關心」等等；過去我曾譯為「掛念」，但似欠雅。海氏的 Sorge 既以專門名詞出現，用一個不常見的名詞反而能避免混淆。

把被投擲性（現實性）、陷溺與存在性整合為一的關念，海氏稱之為此有的存有方式。關念則是「先於自己、寓於世、且旁及世間所遭遇之存有者的存有（方式）」（192 四）。「先於自己」指存在性，亦即對未來可能性之投設，同時也指此有首先陷溺於對別人的關心，甚至僅有「人們自我」而無「屬己自我」（193 二）。「寓於世」指此有的世界性；「旁及世間所遭遇之存有物」則指此有對物的關切及陷溺於物（191 一）。無論是陷溺與存在性，都是此有不得不然的，因此都基於他的被投擲性（196 二）。

海氏又說明，完整的關念現象藉憂懼的「基本心境」而顯示。凡此一切，在前一章中均已詳述。這裡試作若干補充：憂懼的由來是世界本身，是在世存有本身 (185–186)。此有在陷溺狀態中，逃避了他自己，迷失了自我（184 四），並安於陷溺境界。憂懼則使世間之「及手存有」與「共同存有」都失去意義，使此有無法再以「人們」的見解為憑藉而陷溺自己。屬己的在世界之存有可能性使此有發生憂懼，促使此有孤獨起來，使他意識到最獨特的自我，使他在多種可能性之中替自己投設（187 四）。這樣憂懼使人發覺自己的自由身份，發覺人有選擇並攫住他自己的自由（188 二）。在憂懼的煎熬之下，過去安於陷溺的情形不見了，代之而起的，是「無家可歸」

(Unzuhause) 的不安心境（189 一、二）。

《存有與時間》的第四十三節引用一個拉丁文的古代寓言，代為關念足以表達此有之自我詮譯 (Selbstauslegung des Daseins) 的佐證 (197–198)：

> 關念 (Cura) 過河時，看到一塊黏土，
> 她思念著拿起土開始塑造。
> 她正想自己已做成什麼，耀維斯 (Jovis) 來了。
> 關念請求他把精神賜給它，她輕易地獲得所求。
> 當關念要起她自己的名字時，
> 耀維斯不許，他說應當起他的名字。
> 關念與耀維斯正爭論間，大地 (Tellus) 起來了，
> 同時要起她的名字，因為是她供給了肉體。
> 於是他們請時間 (Saturnus) 作法官，他這樣公正地判決：
> 耀維斯既給與了精神，死時你取回精神吧。
> 大地既給與了肉體，死時你取回肉體吧。
> 關念既最先塑造，有生之日就讓她掌握。
> 但是現在既因名字發生爭執，
> 可以稱為禾莫 (homo)，因為他似由泥土 (humus) 而成。

人之得以成為完人，在於選擇他最獨特可能性的自由，即在於他對自己的投設，而這也就是關念的成就。關念同時又指出了此有的另一基本形態，即它已被交付給所關切的世界手裡，它已被投擲於這個世界，和世界休戚相關。關念的這雙重意義正說中了「被投擲的投設」之雙重結構。除此以外，關念一方面指出人替自己投設，

先於他自己，選擇自己的可能性，另一方面也表示出他生活於憂患、焦急之中（199 二、三）。因此關念真表達了此有的完整性。

海德格用「關念」作為人的「定義」，而放棄西方傳統的「理性動物」，這點在海氏思想中實具重要意義。對他來說，理性的認知是對物之關切所衍生，而關切不過是關念作為「在世存有」的一面而已；關念本身則除關切以外，尚有對別人的關心和對自己的「澈見」。一如前面所已分析，海氏把理性認知的典型──理則學視為來自陳述，而陳述則係理解與詮釋所衍生。此有既藉投設才理解自己，而替自己投設正是關念的雙重結構之一部份，那末理性認知當然祇能屈居從屬地位。按海氏的說法，純粹的理性認知基於對手前之物的關切。西方哲學既以理性認知為主，也就是建立在「手前之物的存有學」（Ontologie des Vorhandenen, 165 二）的基礎上，亦即以存有物為存有，根本遺忘了存有。之所以會如此，則是因為關念僅實現了關切的一部份，而未達到完整性。

7.2　關念的完整性與死亡

關念之未達完整性使西洋哲學歷二千餘年遺忘了存有，那末海氏急於討論此題自屬理所當然。此節標題脫胎於《存有與時間》第二編第一章的標題：「此有之可能的完整存有及邁向死亡」（235）。上文已說明，關念表達出此有的完整結構，那末「此有之可能的完整存有」就可以用「關念」一詞代入。表面看來，這一標題自相矛盾：關念以投設而言必然先於自己，是「持久的尚未結束」（236二），而死亡使人成為「不再在此」（Nicht-mehr-da-sein），代表其存有的毀滅，又如何能達成關念的完整性（236 三）？

　　然而，這表面的矛盾來自一種誤解，也就是以及手之物的眼光來看未死的人，視之為一樣尚未結束的東西（242 四）。海氏用此有的存在性徵來看死亡，也就是把死亡視為此有投設的可能性之一。以這一觀點視之，死亡是生命的一種現象，是在世存有的一種存有方式（246 四）。一如海氏用相當奇特的言詞所表達的，死亡是每一此有自己不得不接受的存有可能性。藉著死亡，此有面臨著他最屬己的存有可能性，因為它是此有根本不再可能的可能性。死亡使此有與他人的關係均告消失，它卻又是最屬己、無可跨越的可能性（unbezügliche, eigenste, unüberholbare Möglichkeit）。此有本質地先於自己地開顯於自己，因此也顯示出這一被投擲的死亡可能性（251 一）。死亡的存在性概念是：邁向（先於自己地）最屬己的、使人脫離和他人關係的、無可跨越的存有可能性之被投擲的存有（251 二下）。

　　我人最初經驗到的是別人的死亡。藉此我們可以「客觀地」觀察別人完整的一生（237 三），所謂「蓋棺論定」（對我個人而言，西文在一位尚在人間的人名後面寫上出生年，加一短橫線，後面留著空白，最令人觸目驚心）。

　　未亡者對已死者的態度可以幫助我們對死亡獲得某種外在經驗。死亡使此有成為「及手存有者——屍體」。屍體需要埋葬、舉行儀式，因此是關切的對象。這種關切也不祇像對其他「及手之物」一般，而是一種具敬意的關心：在死者面前我們感到悲哀，我們存想、懷念。死者雖已離開了我們的世界，但我們仍能從這個世界與死者一起（238 五）。

　　無論我們怎樣和死者一起，我們無從經驗到死者本身的終局；換言之，死亡是無法由他人替代的。在日常生活中，每人似乎都可

由他人頂替：我不能做的事可以由他人代替。然而死亡不然，沒有
人可以代替每一自我的死亡（239–240 二）。

　　海德格所講的死亡，就是指無可替代的我自己的死亡可能性。
以這一意義而言，死亡是此有之存在性徵之一，亦即此有藉死亡而
獲得成為他自己的一種可能性。當我們發覺別人死去時，很快就發
覺這也是我們自己無可逃避的遭遇。人一開始就邁向死亡，死亡是
一開始就接管了此有的存有方式（245 五）。面對這一可能性，此有
往往採逃避的策略，不願正眼相看，更不願採取嚴肅態度。最習常
的逃避策略是告訴自己：人們會死；這樣的「人們」和每個人無關，
結果每一此有似乎都可高枕無憂（253 二）。逃避的另一策略是：死
雖然「以後一定會來」，但以「常情而論」，目前尚言之過早。此有
的關切之完整性卻必須正視：死亡「每一剎那都可能」，但何時來臨
卻未限定 （258 二）。這 「確定與未限定」 (Gewißheit und
Unbestimmtheit) 的兩個特色也應當加入上文所云死亡的存在性概
念中：「死亡作為此有的終結是最屬己的、使人脫離和別人關係的、
確定的卻又未限定、無可跨越的此有之可能性」(258–259)。

　　面對這一可能性的此有，一方面可能讓邁向死亡的存有不屬於
自己，這就是上文所云的逃避；另一方面也可能使死亡的可能性成
為此有屬己的一項抉擇。依據海氏的看法，陷溺於世間之物或人們
而逃避死亡時，此有之關念即非完整。唯有屬己地面對死亡才能爭
取到關念的完整性（233 三）。

7.3　陷溺、預趨、決斷、屬己性與真實

　　關念之完整性與屬己及不屬己自我的關係，正好讓我們說明陷

溺、屬己性與真實這些概念。上面已曾討論過同樣的題材，這裡不過指出關念之完整性所扮演的角色而已。

7.3.1　迎向死亡的預趨

此有面對自己死亡的可能性時不能不感到憂懼。死亡使此有完全孤立無告，是一個持久而時時昇高的威脅，它不能不造成憂懼的心境 (265–266)。此有之所以為此有，本來就藉著他的開顯，亦即藉著心境所顯示的理解與投設（260 五）。面對死亡可能性所帶來的憂懼，此有正好顯示出最屬己的存在投設，亦即以大無畏的精神自由自在地迎向死亡。這樣的投設，海氏稱之為「預趨的決斷」(die Vorlaufende Entschlossenheit)，意思是在死亡尚未來臨以前預先趨往相迎，並藉著預趨這一決心，獲致屬己地確認死亡一定而且隨時都會來的決斷（im Vorlaufen zum Tode die ihr zugehörige eigentliche Gewißheit erreichen, 302 二）。有了這樣屬於自己的存在投設以後，「預趨 (Vorlaufen) 使此有發覺自我原來陷溺於人們之中，並帶給他不首先以關切的關心為憑藉而成為自己的可能性，也就是此有在確定而令人憂懼的迎向死亡之自由自在中成為自己，脫離了人們的幻想」（266 二）。

7.3.2　日常生活與陷溺

陷溺是此有屬己性的反面。海氏談迎向死亡的預趨，格外指出它使人脫離人們與陷溺所編織成的幻想。然而海氏並不認陷溺為低級，反而說此有不可避免地生活在陷溺與人們之中。另一方面，他也詳盡地描述陷溺的三種主要現象，即閒言 (Gerede)、好奇心 (Neugier) 與模稜兩可 (Zweideutigkeit)。

閒言是語言的歪曲。語言的目標是顯示並詮釋此有，使此有獲得開顯，它使人與人之間能夠溝通。閒言則並不溝通語言所揭示的存有，而祇是彼此在一起談談而已，與談話的人漠不相關。閒言的內容不但很快就傳佈出去，而且會以權威姿態出現：「人們既如此說，事情一定就是如此」（168 四）。閒言並不限於口頭傳佈，在大眾傳播工具非常發達的今日，它往往以文字或其他方式傳佈於世。閱讀者或聽眾的一般理解力無法分辨，那些合乎事實，那些祇是閒言閒語。閒言使人還未把事情弄清楚就以為已理解一切。語言的固有目標是溝通，是此有的存有開顯。閒言則因為一開始就跟世界、共同此有及寓有本身失去聯繫，所以反而成為一種封閉 (Verschließen)。許多人的看法往往不能脫除閒言的影響，始終不能越過雷池一步：他們的情調、興趣、見解都是如此。一般人都習於這一情況，而在不知不覺中喪失了自我。

海氏所云的「閒言」並不僅指一般人心目中的婦孺之言，而是指不以嚴肅態度顯示自己決心的一切言詞。

陷溺的另一種現象是好奇心。此有使存有真正屬於它自己 (genuine Zueignung) 而開顯自己 (Erschließen) 時就是理解；根據這個理解，此有可以按照它的基本可能性採取行動。在日常生活中，我人以視覺作為理解的階梯。亞里斯多德在形上學的開始就說：人本質地有看的慾望（《形上學》，980a21）。聖奧古斯丁在《懺悔錄》第十卷第三十五章也說：「本來看見祇屬於眼睛，可是當我們應用感覺去認識事物時，都習於用『看』這個字。……我們不但說，你看這東西怎樣在發亮，這本來祇有眼睛可以辨認；而且還說：你看有什麼響聲，你看有什麼氣味，你看有什麼味道，你看這多硬。……」因此好奇雖不限於視覺，但視覺卻佔好奇的重要地位（171 二）。

好奇心促使我們為看而看，並不想把看到的加以理解。好奇心之所以要看到新事物，目的祇是再跳到另一新事物去。所以好奇心的特徵就是「不留在下一處」(Unverweilen beim Nächsten)，不想停留下來細細觀賞一番，而祇是不安地變換目標，找新的刺激。好奇心所要的祇是消遣而已。不停留和消遣以外的第三個特徵是無居住性 (Aufenthaltslosigkeit)：好奇心在任何地點，又任何地點都不在。它的存有方式就像一株無根的樹 (172–173)。

那自以為盡見一切的好奇心，以及那自以為理解一切的閒言，表面上它們似乎都保證此有的「生氣勃勃的生命」（173 二），使人如劉姥姥初進大觀園一般地應接不暇。

陷溺的第三種現象是模稜兩可。日常生活中有些事情，每人都可以說給另一人聽。這樣的「老生常談」卻未必為每一談話者所領會。表面看去，似乎一切都已理解、領悟而且訴諸言詞，其實不然；或者表面看去似乎並未理解，其實卻已理解。類似的模稜兩可情形不但見諸世界，而且見諸人與人之間的關係，甚至伸展到此有對自己的關係上（173 三）。

人與人之間的關係往往為閒言所侵入。「人們」的言詞已使我對另一人有某種看法，對方也以同樣的態度對待我。在彼此共同存有時，我與另一人之間就互相偵視，彼此注意：在互相關心的面具之下，彼此互相敵對（175 一）。

閒言、好奇心與模稜兩可是日常生活中存有的基本方式，海氏稱這種方式為此有的陷溺 (das Verfallen des Daseins)，意思是此有陷溺於「人們」的無名群眾中（175 五）。然而我人在陷溺情況中往往反覺生活非常充實：我們沉浸於工作中，天天與世間的「新聞」接觸，天天有新的刺激，覺得大可釋然於懷（177 四）。這樣安心於陷

溺情況，當然更加強了陷溺：此有對它自己的自我失去了聯繫（178
二）。

7.3.3　良心、責任、決斷

一如上面已經說過，海氏心目中的陷溺絕非不正常。恰恰相反，
陷溺屬於「現實性」的一部份，作為「在世存有」的此有不能脫離
它的現實性；換句話說，此有不可避免地會被捲入「人們」的非屬
己性中，它「被投擲」於陷溺的漩渦之中。陷溺之所以成為可能，
是因為此有本質地是「在世存有」，與世界打成一片。屬己的存有並
不是在造成陷溺狀態的日常生活之上飛翔，而是攫住日常生活加以
改造（179 二）。

如何能把本來就陷溺的「人們自我」加以存在性的改造呢（130
二）？《存有與時間》第二編第二章對此作了詳盡的討論。海氏對上
述問題的答案是：透過良心的呼聲而產生的此有之決斷。

7.3.3.1　良心的呼聲

那末，什麼又是良心的聲音呢？他以為良心的聲音既不容心理
學或生理學的描寫和分類予以破滅，也不應利用上帝之名去解釋，
更不能用良心現象作為上帝的證據，或甚至以之為直接對上帝的意
識。這裡海氏與雅士培的見解針鋒相對。雅氏主張一個人如能不受
世間事物的限制，而選擇存有的絕對要求 （也就是聽從良心的呼
聲），保持內心的正直，這時人是受到了超越界的助佑，一隻無形的
「從超越界伸給他的手」支持了他❶。反之，海德格所說的良心，

---

❶　Karl Jaspers, *The Perennial Scope of Philosophy*, London: Routledge &
　　Kegan Paul, 1950, pp. 64–97.

衹是此有的「自我開顯」而已（269 三）。

此有在日常生活所聽的都是人們的閒言，他就聽不到屬己自我的呼聲，這呼聲是以言說的形式 (Modus der Rede) 發出，它所召呼的 (das Angerufene) 就是屬己自我（das eigene Selbst, 273 一）。它並沒有什麼消息告訴我們，也不是要我們自言自語，而是叫我們注意我人最獨特最屬己的存有可能性。良心的聲音是默默無聞的，卻有力量使人從陷溺中回到此有的固有自我（273 四）。

然而，究竟是誰在召呼誰呢？答案是此有召呼它自己。可是，良心的呼聲卻不是我人自己計劃中所要的，它的呼聲違反我們的期望和意志。良心的呼聲在我以內，卻又超出我以上。海德格以為，良心的呼聲即上天之聲的信念，即由上述這一現象而生（275 三）。

既不訴諸上帝❷，海德格就用下面的理論來解釋良心。此有在日常生活中被投擲於人們及事物，而陷溺自己。這時發生一種使此有不自在的心境，就是憂懼；而覺得不自在的此有，就是發出良心呼聲的召呼者（277 四）。憂懼使我人不再顧慮人們的閒言閒語，而衹注意屬己的存有可能性，屬己的存有可能性就是上面所說過的「先於自己」的獨特投設。這樣，歸根結底，良心原來就是關念的呼聲（277 四）。

Einführung in die Philosophie, München: R. Piper Verlag, 1969, pp. 43–44.
❷　海氏在一則註腳中卻清楚指出，神學所云得罪上帝的罪惡 (Sünde)，為任何「哲學經驗」所無可企及，卻有其固有的證驗途徑 (ihre eigene Bezeugung)。他所云負責任之存在分析 (Die existenziale Analyse des Schuldigseins)，既不肯定亦不反對罪惡的可能性（306 註腳）。準此，沙特稱海氏為無神論者，實屬無稽之談。請參考 J.-P. Sartre, "Existentialism is a Humanism," in Walter Kaufmann, *Existentialism from Dostoevsky to Sartre*, Cleveland, Ohio, 1956, p. 289.

7.3.3.2　負責任

　　良心的呼聲往往會告訴此有，它對某件事是否負責任。譬如我欠人的債，良心告訴我有償還的責任（281 三）；我的某種行為如果使他人受害，對此我也覺得應負責任。但這樣的負責任都以我人所關切的事物或所關心的他人為對象（282 二）。另外一種負責任觀念與法律相聯繫：不守某一法律，人就覺得自己有罪，應負責任。這樣的負責任，其來源是由於一種缺乏，即由於某種「不在手前特性」(Nichtvorhandensein)，如未守法律，未做什麼事等等，海德格則認為負責任這一問題必須由此有的存在性徵做出發點，而不能用「手前」或「不在手前」的區別來解決（283 三）。

　　海德格對良心所作的釋義，很明顯地不同於一般的意義。一般意義的良心大抵與某種已完成或要想做的行為有關：對此項行為予以判斷，警告人從事某項行為，或者對某項行動予以譴責：做了不應做的事，良心會感到愧怍 (schlechtes Gewissen)；反之，做了一件好事，良心會覺得躊躇滿志 (gutes Gewissen)。海氏則以為這些都是對良心的通俗想法，與良心的「真意義」相差不啻幾千里（290 三，291 二）。

　　海氏以為一連串的「無」才形成負責任現象：負責任的意思，就是「一個由『無』所限定之存有的基礎」，亦即「空無的基礎」(Grundsein für ein durch ein Nicht bestimmtes Sein — das heißt Grundsein einer Nichtigkeit, 283 四)。這句話的確相當費解，但卻蘊含著深刻的意義。

7.3.3.3　空無的基礎

　　海德格所云「空無的基礎」，是指出替自己負責而做決斷的此有係自由行動的基礎，但此有本身卻徹頭徹尾是空無的。海氏從三方面點出此有為「空無的基礎」，即從被投擲性、陷溺及自由抉擇本身。首先此有是「被投擲的投設」：他有投設或自由抉擇的可能性，屬於他自己，但這並非他自身所致，而是被投擲於投設的存有方式（282 二、三）。非由自力的行動基礎堪稱為空無的（284 四）。其次，此有是「關念」先於自己替自己投設而替自己作自由抉擇。然而抉擇時我人祇能選擇一種可能性，而不選擇並且不能選擇其他可能性。這不選擇與不能選擇就是另一個空無。因此，關念本質地為空無所徹底貫穿（285 二）。最後，透過良心的呼聲，此有將由非屬己之日常生活的無底性與空無性喚回（178 三）。這陷溺的空無性，海氏在另一處曾發揮盡致 (6.1.3.1)。

　　此有自身其實就是「空無的投設之空無基礎」(nichtiger Grund seines nichtigen Entwurfs)，透過良心的呼聲，他知道自己必須從人們自我的陷溺中出來，進入屬己情況中（287 一、二、三、四）。這時他選擇了自己（Es hat sich selbst gewählt, 287 五）。

　　上述三重空無性於此有選擇屬己自我時表顯無遺：此有自覺到空無的投設之被投擲的空無基礎，到此已有二重空無性；由良心的呼聲覺得必須從陷溺的空無中解脫出來而選擇自己，知道自己的責任，這是第三重空無性所發生的功能。最先二重空無性涉及此有的結構：此有本來就是被投擲的投設，也無從脫離此二重空無性；第三重陷溺的空無性雖然也是日常生活原來就有的，卻是透過存在抉擇可以改造，而且因良心的呼聲而自覺到「應該」要改造。良心的

呼聲既然就是關念的呼聲，因此「應該」的自覺並非道德哲學中所
云的義務概念，而是每個人體會得到的「負責事實」❸。對良心呼
聲的傾聽，海氏因此稱之為「負責事實的聽取」（Kenntnisnahme des
Faktums "schuldig", 287 二）。

　　一如上文所云，此有對日常生活中的陷溺感到不自在，而向自
己發出的呼聲，就是良心的呼聲；它使我人實現屬己的存有可能性。
聽取良心的呼聲，海德格稱之為「願意接受良心」（Gewissen-haben-
wollen, 295 二）。這時此有以新的方式開顯揭示了它自己，也就是揭
示了他的不自在 (Unheimlichkeit)、它的憂懼和獨特性。「願意接受
良心」就是對憂懼的準備和接受（Bereitschaft zur Angst, 296 一）。
良心的呼聲默默無聞，但卻使此有依著自己的責任行動。這種「沉
默的、準備接受憂懼的、向著最屬己的責任替自己投設」，海德格稱
之為決斷 (Entschlossenheit, 296–297)。此有的本質是其存在。決斷
即藉理解替自己下決心而存在（298 四上），它就是此有屬己的自我
存有（298 二）。

　　任何此有都置身於現實境界中，所以，此有必須面對被投擲的
現實境界（例如職業或婚姻等）的不確定性。當我人從各種可能性
中決定一種的時候，就是替我們自己做了投設，亦即對現實境界的
可能性加以確定。這裡海德格自設的一個問題很有意思：「此有在決
斷時向著那一方向揭示自己呢？它應向那裡作決定呢？祇有決心自
身能夠給我們答覆。」決斷與不確定情況是不可分的，「唯獨藉著決
心，決斷才對自己有了確定性」（298 四）。決斷時，此有脫離了「人
們」的掌握；因為「人們」祇知道一般情況，而絕不理會此有的獨
特「處境」（Situation, 299–300 四）。此有因決斷而造成的情況稱為

---

❸　值得注意的是：康德也認為道德是件事實。

「處境」❹。唯獨藉著決斷，我人纔能實現屬己的存在。

7.3.4 完整性、屬己性與真實性

　　到此，「關念」、其完整性及其屬己性，這一題材終於接近了尾聲。上文所云的決斷之所以能夠使人實現自己的存在，是因為聽取了良心的呼聲。良心的呼聲則是面對死亡而揭示出陷溺情況的空無。默默地聽取了良心的呼聲以後，此有才斷然作了「預趨的決斷」，預先迎向確定而未定時的死亡，替自己作獨特的存在投設。海氏認為，「此有藉其良心的呼聲證驗到的屬己與開顯」 (im Dasein selbst durch sein Gewissen bezeugte eigentliche Erschlossenheit, 296 四)才是真正的決斷。這裡我們必須注意到「證驗」(bezeugte, Bezeugung) 一詞，它在第二編第二章的標題及全文中出現，也出現在若干小標題中。海氏認為良心的呼聲對陷溺情況所顯示的不安與憂懼正是這樣的「證驗」(268 二、三)。僅於此有證驗到迎向死亡的預趨是屬己的投設時，才有屬己的完整性。這也正是上文所云藉著決心與決斷所達成的確定 (307–308)。依據海氏說法，迎向死亡的預趨才使此有以存在抉擇證驗到決斷，同時也證驗到自己對屬己可能性做了投設。這句話的意思是：貼合在每一此有自己身上「思及死亡」，才會透過存在抉擇而獲得澈悟，因之而「願意接受良心」，亦即聽取它的呼聲 (309 二)。因為日常生活中我人往往陷溺於世間事物與「人們」，祇有當我們決心預先迎頭趨向那確定隨時會來而未限定時日的死亡，我們才是以存在抉擇「證驗」到完整的此有和完整的關念。

❹ 沙特在 《存有與空無》 中對 「處境」 有精闢的分析 : Freedom and Facticity: The Situation。 J.-P. Sartre, *Being and Nothingness*, London: Methuen, 1957, pp. 481–553.

預先迎向死亡或預趨的決斷形成了關念的完整性，同時也構成了此有的屬己自我，因為祇藉著預趨迎向死亡，此有才脫離人們自我，成為單獨的屬己自我 (322–323)。「完整的關念結構包含了屬己性現象」（323 二）。

完整的關念既藉預趨的決斷構成屬己的自我性，同樣地也形成此有的屬己之真或真實性（297 二）。依據海氏，「此有的開顯即最原初的真實性現象」，那是「存在的真實」（221 五，223 三）；而藉著決斷，才能獲得屬己而最原初的此有之真實（297 三）。這所謂存在的真實，海氏有一小段剖析得很清楚，那依舊和預趨的決斷分不開。一如上文所云，每一此有都被投擲在現實的不確定中，決心與決斷才使我們獲得確定。預趨的決斷讓我們安然接受無人可替代的死亡，決心把未定時日的我自己的死亡視為真實 (Fürwahrhalten)，也就是視之為確定隨時會來。這樣「預趨」著，決斷才爭取到屬於它自己而完整的確切性。不消說，這樣的確切性並非理論的真理，而是「存在的真實」(307–308)。

此有的屬己真實性之反面是陷溺的 「不真」 或 「不真實」（Unwahrheit, 222 一）。 人們自我的不決斷 (Die Unentschlossenheit des Man)，即使人處身於「不真」或「不真實」之中 (298–299)。此有的日常生活中既本質地在陷溺之中，而僅於緊要關頭中將陷溺改造成屬己，因此他必然處於不真實之中，但也能處於真實之中。因此 ， 海氏有一句名言 :「此有同樣原初地在真與不真之中」 （Das Dasein ist gleichursprünglich in der Wahrheit und Unwahrheit, 223 二、三）。

8. 時間性與歷史性

　　這裡把時間性和歷史性連在一起講解，因為海氏的這二概念非常接近。二者都是此有及關念的存在性徵：此有能夠選擇屬己的時間性與歷史性，也能夠選擇不屬己的時間性與歷史性。當關念由預趨於死亡的決斷而成為完整時，此有就是具屬己時間性與歷史性的屬己自我；反之，關念如果僅停留於關切與關心層面，而沒有貫徹到底把自己的死亡作為投設對象，時間性與歷史性就都是通俗的，此有也就陷溺於及手事物或人們而非屬己自我。海氏的時間性與歷史性因此衍生於關念，必須從關念概念著手。

8.1　關念之完整與屬己時間性

　　一如討論關念時所云，關念的完整結構必然包括三種成份，即存在性、現實性和陷溺，這三種成份合併在一起，才是完整的關念（317 一、二）。此有被投擲於世界，與某些事物休戚相關，這是它的現實性；此有日常生活之大半陷溺於「人們」，這是另一不可避免的事實 ；此有又向其存有可能性投設， 這也就構成此有的存在性(221)。此有的純真而屬己的存有方式卻是它的「先於自己」，也就是所謂預趨於死亡的決斷。現在海氏要進一步從完整的關念之意義(323, §65) 推衍出它的屬己時間性。

　　首先，「關念之意義」一詞已令人費解。這裡，我們必須重新記起討論〈理解與詮釋〉(6.1.3.2.1) 時所云：「具先起整體、先起觀點及先起概念之結構的投設的去向，藉此某物被理解為某物」，這才是海氏心目中的意義 （151 三，324 三）。「投設」 屬於 「理解」，而

「理解」又屬於關念的基本結構。因此投設的去向亦即關念的去向。「預趨的決斷」既構成完整的關念，因此，預趨的決斷之三個去向或對外動向 (Ek-stasen) ❶ 合 在 一 起 ， 也 就 形 成 了 原 初 的 時 間 (ursprügliche Zeit) 或屬己的時間性（eigentliche Zeitlichkeit, 329 一，331 一）。

上文已解釋過海德格對關念所下的「定義」：它是「先於自己、寓於世、且旁及世間所遭遇之存有者的存有（方式）」。「先於自己」的基礎是到向：投設於死亡的存有可能性就是走在自己面前，也就是以到向為主；「寓於世」是已是，「旁及世間所遭遇之存有者」即現前（327 三）。預趨的決斷先走在自己前面，由迎向死亡（到向）回向已是的被投擲性，從而把自己帶入現前的「處境」。在這一過程中 ， 已 是 和 現 前 所 烘 托 著 的 到 向 (gewesend-gegenwärtigende Zukunft)，這一整個現象，海德格稱之為時間性（326 三）。時間性使現實性、陷溺性與存在性合成一體（328 一、二、三）。「到向」表達出存在性，「已是」指投擲性，「現前」指二者所衍生的具體關切行動。海氏心目中的時間性祇表現出「向著自己」（到向）、「回向」（已是）、「讓自己被遭遇」（現前）幾種現象；這三種現象本身都是「對外的動向」("Außer-sich", ἐκ-στατικόν)，三種「對外的動向」 合在一起才形成時間性 。 屬己時間性的主要現象是到向 (das primäre Phänomen der ursprünglichen und eigentlichen Zeitleichkeit ist die Zukunft)，因為關念本質地先於自己，也就是以到向為主。此有是迎向死的存有，而死是存有的終結；換句話說，此有的到向是有

---

❶　希臘文 Ekstasis、拉丁文 Extasis、德文 Ekstase、英文 Ecstasy 均有極度興奮及神魂超拔之意。其他西歐語文中大同小異的字亦均有相同意義。海氏這裡的用法是把希臘字 Ekstasis 分成 Ek 與 stasis，從而釋為「對外動向」。

限的，是空無。由於這一認識，此有回向過去的被投擲性和陷溺性，斷然對現前採取行動（329 二）。

　　前段中用 「到向」、「已是」、「現前」 三詞譯 Zukunft, Gewesenheit, Gegenwart 三字，而不再用「未來」、「過去」、「現在」，是有其不得已苦衷的。因為《存有與時間》中的 Zukunft 並不指尚未成之「手前之物」，而是「此有在其最屬己的可能性中回到自己的到」（Kunft in der das Dasein in seinem eigensten Seinkönnen auf sich zukommt, 325 三）。換言之，「到向」完全是此有存在性徵之一，是自由抉擇的行動。「已是」的存在性徵是甘心情願接受一己的被投擲性；這樣的接受祇在此有預趨死亡而深深體悟到自己的獨特性時才成為可能。因此海氏說到向的此有才會屬己地接受被投擲的「已是」(325–326)。「現前」則是 「到向」與 「已是」二個存在性徵所衍生的另一存在性徵，也就是此有實見地 (umsichtig) 關切一項及手存有者。 當預趨的決斷確切地替自己揭示出每次所遭遇的 「處境」(Situation) 時，此有才生活在「現前」而作具體的關切行動。「到向自己」，「回向」已是的現實性，「讓自己遭遇到」，這就是此有走出自己 (Außer-sich, ἐκ-στατικόν) 的三個動向；此有投設的三個主要去向或動向之結合（Einheit der Ekstasen, 329 一）就是此有的時間性，亦即原初的時間。 海氏亦稱之為 「存有的理解」（Verstehen von Sein, 324 三） 或「存有的意義」（Sinn von Sein, Sinn des Seins, 437 三）。不消說，這一名詞也祇能由上文所云「關念的意義」才能理解。離開關念，「存有」 將被誤解成亞里斯多德或黑格爾的存有概念：一如海氏所云，這將是手前之物，與海氏的存有大異其趣。

8.2　通俗時間與日常性

屬己的時間性是《存有與時間》一書的主旨：一般說來，此書所云的時間性即指屬己的時間性；此書第二編第三章闡述此義最為詳盡。同章最後一節 (§66) 卻旨在說明，原初時間為日常生活中通俗時間的先起條件。這也就是說：通俗時間衍生於原初時間；第二編之第六章更詳細發揮此義。第四章則把屬己時間性和日常的通俗時間作一比較。

8.2.1　衍生於關切的日常時間

海氏以下列方式說明日常時間的衍生性。此有的存有是關念，首先是為了自己，但同時也因被投擲而陷溺自己（333 一上，412 三），通常無法完整地顯示自己，而多半表顯於實見的關切 (umsichtiges Besorgen)。此有又是共同存有，在跟別人一起的日常生活中必須有共同的「現在」(jetzt)，這也就構成「時間」的公眾性（Öffentlichkeit der "Zeit", 441 一）。世間的及手與手前之物既因此有的關切而在「公眾時間」中遭遇到，因此公眾時間堪稱為具「時際性」(Innerzeitigkeit, 412 二)。例如此有要上班一打開門先遭遇到雨滴，立刻又進門讓自己遭遇到傘；他急忙趕出去，因為七時一刻有一班公車。遭遇到雨、傘、公車的間隔就是「時際」，「七時一刻」則顯然表示出日常生活中的時間具大家一致的「公眾性」。這樣的公眾時間有其「為了」或「可做」的 (um zu) 結構，就如同「及手之物」一般（請參閱第六章「理解與詮釋」部份），海氏稱之為「世界時間」(Weltzeit, 414 三)。公眾的世界時間導源於此有被投擲而陷

溺於物及別人，因為他本來就有「在世」與「共同」的存有結構（411 一、四），而這些結構之統一就是關念。

此有既以關念為其存有結構，又必然是被投擲而陷溺於世，他必然會關切事物關心別人。關切時需要實見 (Umsicht)，要「實見」必須有見到的可能性（Sichtmöglichkeit, 412 三），也就是需要亮光。在其被投擲性中，此有因此受白日與黑夜更換的擺佈：前者以其亮光使人有見到的可能性，後者則恰好相反（412 三下）。這樣，關切使太陽成為供給光與熱的「及手存有物」，並廣為應用。太陽就限定了在關切中所詮釋而有「為了」結構的時間。由於這一限定，我們才有了自然的時間衡量標準——白日。白日期間又藉移動的太陽而獲得區分：太陽上山、下山與中午。太陽終而復始的有規律進行使此有能夠計算時間，亦即以日復一日來計算 (412–413)。

「原始」人計算時間完全以太陽為準。但即使是原始的「農人時鐘」(Bauernuhr) 也不必直接觀察太陽在天空的方位，而可以由太陽光所投射的影之長短來分辨時辰 (415–416)。但無論應用「農人時鐘」或人工的時鐘，「看時鐘」究竟何所指呢？海氏的描述很直截了當：我們觀察一個及手之具的變化（長短針的變化），我們就告訴自己（無論是否明顯表達出來）：現在是「可做」什麼的時間，現在還有時間，直到……（416 三）。「一般的」時鐘時間則可以稱為「手前的現在之多樣性」（Vorhandene Jetztmannigfaltigkeit, 417 一下）；因為你可以用它來計算時間，但時鐘本身並未計算時間。

海氏又針對計算時間的時鐘作了下面的反省：計算時間是藉時針的空間移動之助，但所測知的時間卻並未空間化 (418 一)。二十年代當然還沒有不用時針而完全用號碼的時鐘，這樣的時鐘已無須時針的空間移動。但這並非主要問題所在，主要的是時鐘指出了此

時此刻的「現在」。

手前之物活動與靜止的時間，海氏認為本身既非客觀的又非主觀的：它不是客觀的，因為它並非世間的手前之物；它又不是主觀的，因為它也並非手前於「主體」中，更不是在「主體」中發生。另一方面，「世界時間」卻比任何可能的對象更「客觀」，又更「主觀」：它比一切更客觀，因為它是世間存有物之可能性的條件，而世間存有物是藉時間性的此有之世界而開顯（419 二）；它又比一切更「主觀」，因為它藉自我之關念才成為可能（419 三）。

由於日常的「世界時間」是「可做」這個或那個的現在，因此「現在的持續」(Jetztfolge) 遂被視為永恆的鏡子，而過去的未來的時間都被視為過去的現在和未來的現在（423 一、二）。

8.2.2　時間性與日常性

日常的「世界時間」既由關切所顯示，而關切是關念之不完整不屬己的部份結構，因此《存有與時間》第二編第四章專門把關念之屬己時間性和不屬己的日常性作一比較。那章第七十節甚至還用時間性去解釋消遠性與方向，藉之來解釋空間現象❷，大部份卻討論第六十九節的時間性與開顯，約佔全章的五分之四。一如本書於討論〈在世存有的「在」與他的世界〉時所云，「寓有」之「寓」或開顯發為理解、心境、言說三重結構 (6.1.3)；三者均可分屬己與不屬己而形成不同的時間性。

屬己的理解預趨於自己的死亡而在決斷中到向自己（336 三）；屬己的「現前」因此是一刹那，而非現在 (Jetzt) 或時際性 （338

---

❷　海氏於 1969 年承認用時間性解釋空間的嘗試不能立足。M. Heidegger, *Zur Sache des Denkens*, Tübingen: Max Niemeyer, 1969, S. 24.

一）。反之，不屬己的理解僅對可關切、可做、迫切的、無可避免的日常事務投設。被關切的事才讓此有到向自己：此有祇能等候所關切事務的成功或失敗，因此是不屬己的到向（Die uneigentliche Zukunft, 337 二）。

心境以「已是性」（Gewesenheit）為主，其存在特徵是「帶回到」（Zurückbringen auf, 340 二、三）。憂懼已使及手及手前事物完全失去重要性（343 一），把此有赤裸地投擲於「無家可歸」的本來面目（343 二，344 二、三），使人在大無畏決斷中面對而接受屬己的被投擲的自己。海氏把接受屬己的已是性稱為「重覆」（Wiederholung）；而對屬己的已是性採「閉塞的轉身」（verschlossenen Ausrücken），海氏則稱之為「遺忘」（Vergessenheit, 339 一）。對被投擲的已是性採萬分無奈的漠然態度（Gleichgültigkeit)，仍然是一種遺忘；因為這並非由決斷採取斷然立場，而是為投擲性所擺佈的「認命」（345 三）。不消說，海氏所云的「已是」絕非過去：因為過去是不再在手前之物，而「已是」表示此有所應面對的現實情況（328 一）。

此有在日常生活中也必然被投擲於陷溺情況之中。陷溺既以關切與關心為主，因此祇顯示出不屬己的現在（346 二）。屬己的現前是決斷的一剎那；陷溺的不屬己的現在則封閉自己，逃避確定的可能性和抉擇（347 二、三）。

理解與心境以外，此有尚以言說開顯自己。一如本文上面所已剖析，開顯的第三重結構是言說：「在世存有心境中的理解以言說表達出來」（161 二）。心境與理解的時間性因此也表顯於言說。但因言說一般地以語言來表達，而語言著眼於聽眾的環境，因此它的主要功能是現前。

8.2.3 屬己時間性開顯出世界時間

　　說明了日常的「世界時間」以後，海氏進一步指出，由關切而來的世界時間導源於決斷之下的原初或屬己時間。他分析了我們「有時間」與「沒有時間」的關鍵，非常精闢地表達出下列事實。一個未作決斷的人衹有讓不久會發生及偶發事件遭遇到他的份，他常常會「失去時間」而沒有時間，因此常常會告訴人家：「我沒有時間」。正如未作決斷而不屬己的存在者不斷地失去時間，從來沒「持有」它 (nie solche "hat")，屬己存在的時間性則在決斷中從不失去時間，「始終有時間」(immer Zeit hat)。屬己的存在預趨於自己的死亡而脫離陷溺，以大無畏的決心回向「已是」的現實性，而把握現前的一剎那。這樣的存在對「處境」所要求的事始終有時間（410 二）。

　　上面這段話充份表達出海氏的意思：他所說的屬己時間，實即由預趨的決斷而把握到真屬於每一此有的時機。反之，沒有預趨的決斷，此有所掌握到的就衹有關切到的偶發事件和可計算的「世界時間」(411 一)。按照上段所云，後者的情形就是「失去時間」，亦即失去真屬於此有的時機。

　　到此，海氏再進一步指出，這種不屬己的時間是「此有逃避自己的屬己存在」(Flucht des Daseins vor seiner eigentlichen Existenz, 424 三)。藉著對事物的關切，此有遮蔽並逃避了自己的死亡，無視 (Wegsehen) 自己的死亡。但這一「無視」本身也是「邁向死亡」的一種方式（424 三）。「公眾時間」中的「人們」絕不會死，因為唯獨此有能預趨地迎向自己的死亡。人們自我一直到終止時為止，永遠衹有一些會失去的時間而已 (424–425)。

　　海氏又從「時間的流逝」(Vergehen der Zeit, 425 二) 這一說法

推衍出「世界時間」由屬己時間性所顯示。我們之所以有時間流逝的經驗，是因為我們想要留住時間卻無法留住它。每一「剎那」滑過去消逝了，這就是通俗的時間流逝經驗。之所以會如此，是因為此有先於自己到向自己，這樣一般人心目中「現在的持續」（Jetztfolge, 425 二）就顯示為滑過去與流逝。「此有知道流逝的時間，是因為他有一個逃避的『我自己會死』的認知」（Das Dasein kennt die flüchtige Zeit aus dem "flüchtigen" Wissen um seinen Tod, 425 二）。這句話的意思是：我人身不由己體會到自己的有限，知道自己終有一天會死；但因我們不願面對我自己確定會死而且隨時可能死的事實，逃避到「人們會死」的含糊認知，因此就指稱時間的流逝（425 二下）。

時間的一去不歸是李白名句的題材：

君不見黃河之水天上來，奔流到海不復回，

君不見高堂明鏡悲白髮，朝如青絲暮如雪。

海德格卻又自問：如果時間衹是現在的流動 (Jetztfluß)，他就看不到時間倒流又有什麼不可。時間之所以不能倒流，是因為公眾時間（世界時間）導源於屬己的時間性，後者本來就會以對外動向預趨死亡（426 一）。

8.3 此有的歷史性

《存有與時間》討論歷史性，是在第二編的第五章，那章前前後後都是探討時間性；可見歷史性在海氏心目中不過是時間性的一

個面相。此有之所以為此有，導源於他是關念與「被投擲的投設」，因此由三個動向的結合而有時間性。以這一思路繼續思考下去，海氏就指出歷史性也是此有的基本結構（Grundverfassung, 382, §74）。

8.3.1　一般人心目中的歷史

　　一般人心目中的所謂歷史，是指對現在有關或無關的過去的事。過去可能留下一些東西，這些東西也分享歷史性，例如尚在人間的希臘神廟遺跡，就被視為具歷史性（378 三）。我人進入博物館，見到許多名人的畫，古人的衣飾等等，我們會說：這一切屬於過去的時代，屬於歷史。然而，博物館中的陳列品並未「過去」，它們是留存人世的「手前的」實有之物。何以這些「手前」事物具歷史性呢？因為它們已屬於過去：它們屬於另一個世界，是過去另一世界中此有的關切對象，而這一世界已一去不歸（380 一）。依據海德格的說法，博物館中的古物具有歷史性，祇因為它們屬於「已有過的」(da-gewesen) 此有；真正具歷史性的唯此有而已。「及手」或「現成」的存有者祇不過加入世界的歷史湊湊熱鬧。因此，房屋、書籍、組織、鄉村、戰場都能夠有它們的歷史，它們都藉著此有而取得歷史性 (388–389)。

8.3.2　屬己的歷史性

　　那末究竟什麼是歷史性呢？它是此有的基本結構之一。本書第七章已引用過海氏對決斷的定義，那就是「沉默的、準備接受憂懼的、向著最屬己的責任替自己投設」（297 一）。真正屬於此有自己的是預先迎趨於死亡的決斷（382 四），否則此有始終陷溺於「人們」而無法脫身（383 二）。然而死亡祇是人生的一端，另一端是出

生。出生與死亡中間才是完整的此有；這一事實必須和預趨死亡的
存在性完整一起考慮到（373 一）。生命是出生與死亡中間的連接，
我們都以為這是經驗之談：在一切變化之下，我們覺得有一個持久
的自我 (das Selbst) 連接著那些變化（373 二）。海氏卻認為這樣的連
接是手前性的；由存在觀點而言，出生並不完全屬於過去，而死亡
也並不完全屬於未來；因為此有的關念把出生與死亡連成一條線。
此有一方面是以被投擲者資格出生，另一方面又有迎向死的存有方
式：此有預趨死亡而接受被投擲的命運；這時死亡與出生就被關念
連接在一起（374 三，391 二）。這樣的連接也可稱為一種特殊的伸
展，這伸展是此有的一種動態：「被伸展的伸展自己之特殊動態」，
海德格稱之為此有的事件 (Die spezifische Bewegtheit des erstrekten
Sicherstreckens nennen wir das Geschehen des Daseins)。所謂 「被伸
展」 是指被投擲性，「伸展自己」 則是指預趨死亡而接受被投擲性
（375 一）。海德格心目中，歷史的根基在於此有的到向（386 二）；
歷史性與時間性和關念都分不開（375 二）。此有預趨的決斷把死亡
放在眼前 ， 把被投擲的他自己全部接受 ， 同時對處境下了決心
(382–383)。以被投擲的身份，此有原是在世存有，陷溺在「人們」
中。預趨的決斷則把此有被投擲的「遺產」全部接受，這樣就接受
了一己的命運 (Schicksal) 和與人共有的共同命運 (Geschick)。 到向
自己，面向自己的死，同時回向自己已是的被投擲性而予以接受，
而又斷然生活在自己的處境中，這才是屬己的時間性和歷史性（385
三）。此有本質地是關念，先於自己，必須以預趨的決斷對自我投
設。

8.3.3 超脫的命運觀

海德格所云的命運，與一般所云的命運，意義有極大的差距。一般所云的命運是人所完全無可奈何的事。海氏心目中的命運則植基於預趨死亡的大無畏決斷，有了這個決斷，此有把自己委身給此一剎那的開顯，這才是他所云的命運 （Das in der Entschlossenheit liegende vorlaufende Sichüberliefern an das Da des Augenblicks nennen wir Schicksal, 386 三）。此一剎那之得以顯示為確定不移，完全基於我自己的「到向」和決心；這也就是我們在上一章所云「證驗」到的「真實性」。正因如此，所以海氏才說命運是此有的原初歷史性，而屬己地趨向死亡是歷史性的基礎（386 二）。預趨於死亡使死亡成為有力，而此有本身似乎軟弱無力 (Ohnmacht)，但正藉這無力感，此有體驗到自己的超級力量 (Übermacht)，使他得以自由地超脫地接受死亡和有限性，勇敢地委身於幸運和殘酷的遭遇（386 二、三）。

海氏對命運的另一說明，似乎比較強調超脫地接受任何遭遇：「我們用它（命運）指稱在屬己的決斷中的此有之原初事件，藉此他超脫地面對死亡 (frei für den Tod)，在一個所繼承同時卻又選擇的可能性中把自己交託給自己」。祇有預趨於死亡才會超脫偶然的「臨時的」可能性，使人不再輕浮而回向命運（384 一）。

上面曾說起的「共同命運」尚需作進一步的發揮。在同一世界中針對某些可能性和別人一起作決斷，這時此有伸展自己的事件才成為和別人一起的「共同命運」(Geschick)，它是一個團體和民族的事件。此有與其同時代之「命運的共同命運」構成此有的完整而屬己的事件 (384–385)。這句話的意思是：被現實性所伸展的此有，同

時把自己伸展至所預趨的死亡而決心接受已是的現實條件時，同時
也以「共同存有」身份以同樣的決心接受一個團體、民族、時代所
共有的現實條件，此有才有了共同命運。共同命運的力量藉著共同
參預與奮鬥才展現出來 （In der Mitteilung und im Kampf wird die
Macht des Geschickes erst frei, 384 下）。

8.3.4　重覆與繼承

　　此有的歷史性一方面被伸展，又把自己伸展至「已是的」共有
的現實條件，後者就構成「繼承」到的可能性（384 一）。事實上，
個人或團體（家庭、民族、政黨、教會等等）的現實情況往往包括
遺傳及文化傳統。我人為這些繼承下來的現實條件所限制（「所伸
展」），同時卻又因之而有了對這些現實條件採取立場的可能性。例
如現代中國人為三千年的傳統文化及本世紀以來的「歷史」所「伸
展」，同時又藉此而有「伸展」自己的可能性，未必一定要成為「過
去」的奴隸。無論是針對個人或團體的「已是」情況及其存在可能
性，我人如預趨死亡而作了屬己決斷，又安然把自己交託給所「繼
承」的已是的存在可能性時，海氏稱之為「重覆」（Wiederholung,
385 四）。正因為此有已有了預趨的決斷，他才會從過去「歷史」中
選擇自己認為足以取法的英雄 （385 四）。這就牽涉到歷史學的問
題。

8.3.5　過去的歷史與歷史學科

　　具悠久文化的若干民族曾有數千年的歷史記載，也往往對歷史
作某些思考，中國民族就是其中之一。司馬遷在《史記》自序中說：
「夫春秋上明三王之道，下辨人事之紀，別嫌疑，明是非，……存

亡國，繼絕世，補敝起廢，王道之大者也。」 ❸ 這就是海德格所云
選擇足以取法之英雄（三王）的實例。正如他在 1941 年說的，歷史
所記載的都屬過去，也就是一度是存有者而現在已不再是的過去事
實。任何歷史的現前化（Vergegenwärtigung，例如用電影、電視連
續劇等）都不能夠使一度曾是過的存有者再度成為存有者。但海氏
認為我人之所以能體會到 「往事」，僅於 「發生者」 及存有 (das
noch Wesende, das Sein) 範圍以內才可能 ❹。這也就是上節所云，此
有的屬己時間性使人體會到「流逝」的時間 (8.2.3)。《存有與時間》
祇說明此有的時間性與歷史性。以後海氏將繼續努力說明存有與時
間都屬於「歸屬事件」(Ereignis)，歷史性也歸屬於存有。

在海氏的構想中，「歷史」這門學科 (Historie) 也如其他學科一
般，祇能是此有的一種存有方式：歷史記載及歷史學科之能夠產生，
是因為此有本來就是歷史性的 (Geschichtlichkeit des Daseins, 392)。
歷史的真正意義，不在於記載一些過去的陳跡，也不在於從歷史事
實中推究出什麼「定則」，而是從此有替自己所抉擇的「到向」去發
覺「已有過的」史實中之可能性，從而對此有發生力量（395 一）。
本來具歷史性的此有，及基於其現實性的存在選擇，早已決定了歷
史的討論對象。

8.4 對《存有與時間》的一些體會

《存有與時間》的剖析工作終於告一段落。這次倒沒有十八年
前「千鈞落地」的感覺，祇能於心無愧地承認，這次的剖析比第一

❸ 羅光，《歷史哲學》，臺北：臺灣商務印書館，民國六十二年，頁 17–20。
❹ M. Heidegger, *Grundbegriffe, Gesamtausgabe*, Band 51, Frankfurt am Main: Vittorio Klostermann, 1981, S. 86–87.

次清楚、完備多了。

我對海氏這部名著有如下的體會：

第一，它的確是非常獨特的一部創作，導源於海氏的生活體驗與沉思。它的最大特色是一貫地用存在性徵去對所有傳統哲學名詞下新的註解，不得已時就創新名詞。經過他的這一手法，除非你一開始就把他對每一名詞的新定義牢牢記住，你根本無法了解。許多名詞的傳統意義早已根深蒂固，很難一下子變更。這樣就會造成混亂。海氏思想之所以引起誤解，這可能是最大的原因。

第二，海德格對屬己性、決斷與真實性有極深的體驗，他稱之為存有經驗，整個《存有與時間》環繞著它打轉。這部著作的任務就是用西方人最擅長的定義與推理工夫（所謂的形上學）去說明上述經驗。這一經驗與純屬於每個人的「時機」經驗，可以說是《存有與時間》的核心，甚至是他一生思想的核心，也的確是海氏對現代世界的金玉良言。今日世界一味「陷溺」於科技、組織與不及邊際的「人們」，而遺忘了每一個別自我的獨特性及其由「預趨的決斷」而來的無上尊嚴。海氏在一篇討論科技的文章中充分表示出，他並不反對科技，而是反對科技的獨霸。凡此一切都顯示海氏思想對今日世界的重要性。

第三，海氏卻也想把此書所云「此有的詮釋」（Hermeneutik des Daseins, 436 二）作為一切哲學問題的線路，以之為一切哲學問題的源頭及終點，這就未免是太大的野心，因為這等於把《存有與時間》視若無所不包的哲學問題總彙。以後他承認，用時間性解釋空間的嘗試不能立足。但他用屬己時間性來解釋日常的「世界時間」是否也有些牽強？他所云的「此有」是存有開顯之「寓所」，一再說明「此有」並非持久不變的主體，「獨立自我」僅可藉存在意義指「預

趨的決斷」（322 二下）。但他在討論重覆與遺忘 （339 一；8.2.2,
8.3.4）時，一方面雖仍表示一剎那的決斷，但所「重覆」「遺忘」的
已是性，應該屬於同一不變的自我，否則所「重覆」所「遺忘」的
將與自我無關。這樣一來，「持久不變的主體」一貫被海氏目為「手
前之物」而遭到摒棄，是否又在不知不覺中「走私」混了進來？

9.〈什麼是形上學〉與〈充足理由之本質〉
—— 海德格前期思想的進一步開展 ——

〈什麼是形上學〉與〈充足理由之本質〉是海德格於 1928 年約於同時脫稿的兩篇文章。前者為 1929 年 7 月 24 日海氏繼任胡塞爾於富來堡大學講座的就職正式演辭，後者則發表於胡塞爾七十歲的紀念專刊。二篇均於同年出單印小冊。一如海氏於 1949 年〈充足理由之本質〉第三版序言所云，這二篇文章思想互相連貫，可以說是《存有與時間》思想的進一步發展。這二篇文章均於 1967 年被海氏自己收集在稱為《里程碑》(*Wegmarken*) 的文集中。

〈什麼是形上學〉一文所討論的題材是「空無的基本經驗」。依據海氏說法，此有由於被納入空無，才能超越存有物全體，而超越存有物而過 (Das Hinausgehen über das Seiende) 就是形上學；因此形上學屬於人的天性，是此有的基本事件，它就是此有本身❶。充足理由原理本來是十七世紀哲學家萊普尼茲所創❷。萊普尼茲所云的最重要真理係述詞與主詞必然符合的真理。海氏在討論充足理由之本質時，卻認為這樣的真基於存有學之真，後者則植基於「超越」，而超越即此有之時間性及自由❸。這樣，兩個截然不同的題材竟然

---

❶ M. Heidegger, *Was ist Metaphysik?*, Frankfurt am Main: Vittorio Klostermann, 1969, S. 38, 41. 本章引用此小冊時，將於正文中加括弧，以「形」字代替本小冊，再加頁碼。

❷ 錢志純，《萊勃尼茲哲學導論》，臺北：輔仁大學出版社，民國六十七年，頁 54。

❸ M. Heidegger, *The Essence of Reasons* (*Vom Wesen des Grundes*), Translated by Terrence Malick, Evanston: Northwestern University Press, 1969, pp. 14–

都在「超越」這一現象相遇。

　　本文將儘可能詳細說明，海氏是怎樣轉彎抹角走到這條奇特的路。

9.1　〈什麼是形上學〉所討論的問題

9.1.1　演講辭內容

　　讓我們先一述〈什麼是形上學〉的內容。海氏先從形上學的問題開始談，他以為形上學問題必須從提出問題的此有談起。學術界中（研究人員、老師、學生）的此有所關心的是學術，而學術以存有物為對象。人的存在探究存有物，這以外即空無所有。這裡海氏開始轉至他在這篇演辭中真要討論的問題——空無 (Nichts)：「存有物以外空無所有。那末這空無究竟如何？」（形 26）。

　　海氏並非以理則學意義提出這個問題：以這一意義而言，空無即存有物全體的否定。海氏所云卻是比否定的空無更具原初性（形 28）的「空無之基本經驗」（形 30）。這裡我們必須記起《存有與時間》一書中對憂懼的描述：它使人突然感到世間事物完全陸沉 (6.1.3.1)。〈什麼是形上學〉則更描述一種莫名其妙的無聊感，它會使事物、人物、自己都成為無關重輕；反之，與深愛著的人在一起則會使人歡愉得感到已擁有一切（形 30–31）。後面這句話似乎祇是偶然出現，全文重點在於說明空無現象。這篇演辭僅十九頁，而討論空無的篇幅佔其中十六頁。難怪有人誤認海氏是虛無主義者。

　　憂懼如何顯示空無呢？海氏的答覆是：憂懼使事物與人物都溜

16, 126. 以後引用此書時，將於正文中加括弧，以「充」字代表本書，再加頁碼。

過去，使存有物整體都溜逝過去（形 32）；憂懼並不領悟到空無，而是空無藉它而顯示（形 33）。空無在憂懼中指向溜過去的存有物整體，而使此有受到壓力；這也就是空無的本質——空無化 (Die Nichtung)。此有之所以為此有，就在於被納入空無 (Hineingehaltenheit in das Nichts)（形 34–35），同時又積極地把自己納入空無，而這也就是超越了存有物整體：「超越存有物而過（的歷程），我人稱之為超越。」(Dieses Hinausgehen über das Seiende nennen wir Transzendenz) 此有如果不是本質地為超越，亦即一開始未被納入空無，也就不會對存有者採取立場，也就不會有自我。沒有空無的原初顯示，也不會有自我和自由；在存有者的存有中發生了空無的空無化（形 35）。因此此有徹頭徹尾是有限的，因為他並非自願地要把自己納入空無，而是不得不如此（形 38）。

透過這迂迴曲折的路，終於海德格對「什麼是形上學」這一問題提出了答案：形上學的希臘字源自 Metà tà Physiká，意思是超越存有物之為存有物：「形上學是超過存有物提出問題，目的是把存有物之為存有物整體留下來以供了解。而在論及空無時正好超過了存有物之為存有物的整體。」（形 38）

海氏認為空無問題涉及形上學整體，因為它逼我們追究否定的起源問題，也就是追究到讓理則學統制形上學的決定性步驟。這問題也牽涉到整個學術，尤其是現代科學：學術界自以為不必提空無問題；海氏則認為唯有納入空無，此有才能研究學術，因為學術因形上學始能存在。唯獨空無在此有身上顯示出來，存有物才會使我們驚異，使我們會追究理由而提出「為什麼」的問題（形 40–41）。

空無問題又牽涉到發問題者自身，他本身有形上學的特質。因為，一如上文所言，此有的本質即係超越存有物而過：「這一超越而

過即形上學本身。」（形 41）

最後海氏引用萊普尼茲所提的一個問題作為他這篇演辭的結語：「為什麼有存有物而不是空無一物？」（形 42）

9.1.2 對這篇演講辭的剖析與評論

9.1.2.1 〈什麼是形上學〉一文的剖析

〈什麼是形上學〉一文中所云的空無，一方面與憂懼的心境有關。一如《存有與時間》所云，此有往往陷溺於世間事物及「人們」，因之而不敢面對屬己的自我；這時憂懼的心境驟然讓人感受到一切都無足重輕。藉著憂懼，此有才會讓存有開顯 (6.1.3.1)。

海氏所云此有被納入空無並主動把自己納入空無，這就是《存有與時間》所云「被投擲的投設」(Geworfener Entwurf)：投設是向著空無；而投設本身又非藉自力而來，卻是來自「投擲性」，因此也來自空無。海氏稱替自己負責而做決斷的此有為自由行動的基礎，但此有本身卻徹頭徹尾是空無的，因此可稱為「空無的基礎」(7.3.3.3)。

準此，〈什麼是形上學〉中所云的空無，其實於《存有與時間》中均已論及，而且藉《存有與時間》始能充分了解。〈什麼是形上學〉一文不過使空無這一主題更加突顯出來而已。《存有與時間》在討論心境時提及憂懼 (6.1.3.1)，而〈什麼是形上學〉一文則說憂懼顯示空無，可見海氏的空無由心境而呈現。

然而，對學術問題的驚奇與追究理由是否來自此有被納入並主動把自己納入空無這件事實呢？對於這點，海氏在《存有與時間》中已曾作詳細的說明。依據這些說明，理論的認知（學術）基於關

切，後者則是理解的方式之一。理解藉心境體會到自己的所為何事，並發現自己被投擲到替自己投設的存有方式。方才已說過，被投擲的投設來自此有之「空無的基礎」。那末，基於關切的理論認知也是被投擲的投設所產生，亦即由「納入空無」的此有所產生 (6.1.1, 6.1.3.2)。

如所周知，亞里斯多德《形上學》的第一句話就說：所有的人由天性追求認知。亞氏並認為認知的動力是驚奇。海氏則一貫地主張理論的認知興趣基於關切，後者則是一種被投擲的投設，而被投擲與投設均基於空無及超越。一如上節所言，超越也由於此有納入空無而來。這樣，學術性的認知也順理成章地與空無發生關係。

值得注意的是：〈什麼是形上學〉一文中的形上學之最重要特徵是為理則學所統制，1949 年對此文附加的〈導言〉又說亞里斯多德的形上學具「存有物－神學」(onto-theologische) 的特質，因為亞里斯多德一方面討論最普遍的存有物之為存有物，另一方面又討論最高的神性存有者（形 19）。1953 年發表的《形上學導論》又詳細敘述這一形上學的演變過程：亞里斯多德建構了範疇論與理則學，並用理則學方法討論存有物，藉之而建立了存有學；中古神學接受了亞里斯多德的存有學來說明一切為創造者的理性所構思；近代則放棄了創造者，以為可以完全用數學的計算去理解、改造世界❹。1957 年發表的一篇演辭把這樣的形上學稱為「存有物－神－理則學」，表示出是用理則學方法討論存有物及神的一門學問❺。因此，

---

❹ M. Heidegger, *Einführung in die Metaphysik*, Tübingen: Max Niemeyer, 1966, S. 142–147.

❺ M. Heidegger, *Identität und Differenz*, Pfullingen: Günther Neske, 1957, S. 50–52.

海氏心目中的形上學之最大特色是為理則學及理性思考所統制，一味以正確 (Richtigkeit) 為事，而遺忘了存有之真 (Wahrheit des Seins)。海氏的〈什麼是形上學〉一文之深意，即在於探究形上學賴以發生的空無經驗（形 19–22）。

方才所說形上學是「存有物─神─理則學」，似乎是指出形上學的三種因素。但這並不是說，海氏的形上學必然包括這三個因素，而是它必然包括第三個因素：形上學可能用理則的推論方法以存有物為討論對象，也可能用理則學方法討論神，也可以用理則學方法討論物質世界（物質存有物）。最後這部份逐漸發展成為利用數學的現代科技❻。因此，海氏心目中的形上學，必然是利用理性的理則思考，尤其利用理性的各種推理方法（無論是演繹、歸納、實驗或所謂的「否證」），並不限於哲學界通用意義的形上學。正因如此，所以海氏才會說現代科技及操縱學 (Kybernetik) 乃是形上學的登峰造極❼。

9.1.2.2 對〈什麼是形上學〉一文的評論

海氏認為理則學所統制的形上學本來屬於「人性」。他之所以替「人性」一詞加上引號，是因為他認為「形上學是此有的基本事件。它就是此有本身」（形 41）。這些話的意思，〈什麼是形上學〉一文及《存有與時間》都有充分的說明，也就是利用理則方法的理性思考（形上學）衍生於此有之「被投擲的投設」，同時也導源於憂懼所揭示的此有之空無經驗。這也就是說，人的存在情況決定人的認知，

---

❻ 同❹, S. 147–148。

❼ M. Heidegger, *Zur Sache des Denkens*, Tübingen: Max Niemeyer, 1969, S. 64.

後者可以完全由前者獲得解釋，甚至僅係前者的一部份 (6.1.3.3)。
然而，感受到憂懼及對自己投設是一件事，此有對自身及其周遭的
認知則是另一回事。如果我們沒有五官和更高的認知能力，投設與
憂懼的感受也不能產生認知；不僅如此，沒有認知，根本也無從發
生憂懼感和投設。海氏對人的看法未免過份強調情與意，而把認知
能力約化於情與意的因素。十三世紀哲學泰斗亞奎那卻能對海氏所
提出的問題提供很圓滿的答案：他堅定地主張認知能力與意願能力
以各自特有的方式互相推動，二者均有其原初性，都不能被對方所
歸約 ❽。亞奎那這方面的見解，將於第十四章討論。這裡我祇願指
出，海德格的說法太偏向意志主義，甚至可以說他把認知活動歸約
於情與意。

　　海德格又強調空無經驗使人超越存有物之為存有物的整體，因
而才能了解存有物之為存有物整體（形 38）。事實上，這一說法和
每個人的切身經驗相左。我人體會到存有物之為存有物可以說是一
種直接經驗，並不需要一切溜逝的空無感才會發覺到存有物之為存
有物。三歲的孩子總不至於對世間一切感到無聊而有「基本的空無
經驗」，但已知道什麼是有什麼是無，也就是知道存有與非存有的基
本區別。

　　海氏「空無空無化」(Nichts nichtet) 的說法卻影響了法國哲學家
沙特 (Jean-Paul Sartre, 1905–1980)。事實上，沙特也把「空無空無
化」(Le néant néantise) 視若「為己存有」的基本事實，用以說明人
的自由。沙氏認為空無超越存有，因為人能夠分泌出空無，用它把
自己和某一事物或人物隔離開來；當他把注意力集中於一點時，其

---

❽　S. Thomae Aquinatis, *Summa Theologiae*, Pars I, Q. 82, art. 3 et 4, Torino:
Marietti, 1940, pp. 534–536.

他一切就被空無化，就像根本沒有一般 ❾。但這一說法跟海氏的空無經驗有出入，因為海氏不僅用空無解釋人的自由抉擇（抉擇時祇能選擇一種可能性，不選擇或不能選擇其他可能性就構成空無，7.3.3.3），而且還用來解釋理則的認知過程。

9.2 〈充足理由之本質〉所討論的問題

9.2.1 這篇文章的內容

據英譯本的譯者所云，胡塞爾閱讀《存有與時間》時，起初還以為海氏思想仍在他自己所創的現象學範圍以內，祇是深層意義不夠清楚而已；閱完全書後始知海氏已開始走入了一條不歸路，和他自己的不同。〈充足理由之本質〉發表於胡氏七十歲紀念專刊，似乎更加強了二人之間的深淵（充 11–14）。

這篇文章首先以亞里斯多德的四因說為出發點，繼而闡述萊普尼茲「沒有一樣東西沒有理由」(nihil est sine ratione) 的最高原理。根據這充足理由原理，一個命題中的述詞之與主詞相符合，或者基於二者間的必然關係，或者基於某種適然如此的理由。這樣，真理可分為必然與適然二種 (Veritatum necessariarum et contingentium)（充 4–14）。宇宙與宇宙間的一切均可藉充足理由原理而追究出最後原因。海德格卻認為句子的真實性祇是命題之真 (Satzwahrheit)，它植基於更原初的存有物之真 (ontische Wahrheit)，亦即存有物之揭示。存有物揭示自己時卻又有二種不同方式，一種是及手與手前之物（事物）的被揭示，另一種是此有之開顯自己。後者的開顯方式

---

❾ 項退結，《現代存在思想家》，臺北：東大圖書公司，民國七十五年，頁152–156，167–169。

導至海氏所云存有之理解 (6.1.3.2)，亦即存有學的真實性
(ontologische Wahrheit)（充 18–24）。上述三種真實性指出存有學的
區別，亦即存有與存有者之區別 (Unterschied von Sein und
Seiendem, ontologische Differenz)。此有理解存有而對存有者採取態
度，這就是此有之所以為此有的特色。區別存有與存有者的能力既
是此有的本質，那末此有可以說就是「存有學區別」的基礎；海氏
又稱這一能力為此有的超越 (Transzendenz des Daseins)（充 28）❿。

　　此有為什麼本質地就是超越呢？海氏用此有的「在世存有」與
世界來說明。這兩個概念在《存有與時間》都有詳盡的闡述。海氏
認為此有就是存有的開顯，而此有所開顯者就是他替自己所開發的
精神世界；因此他就是「在世存有」，世界性實即此有的存有方式
(6.3.1)。此有開顯自己是透過「被投擲的投設」，並藉此而有自我性
(Selbstheit)。對世界的投設實即對世界的「超投」(Überwurf)，亦即
超越了存有者：此有藉開顯而建構其世界時就超越了一切存有者。
大自然及一切其他存有者均藉此有而得以進入人間世界（充 84–90）
而被此有所超越。

　　這樣，世界就被視為「超越的統一結構」(Welt macht die
einheitliche Struktur der Transzendenz mit aus)；海氏的世界概念因此
也可冠以「超越的」(Transzendentaler)。《存有與時間》第一部份的

---

❿　在《現象學的基本問題》中，海氏直截了當地說此有即「超越的存有者」。
　　之所以如此，則是由於此有之存在：「由於他存在，此有理解存有而對存
　　有者採取態度。存有與存有者的區別就呈現於此 (ist da)。……存在就是此
　　項區別之完成。」因此，海氏認為存在即超越，形成存有與存有者的區
　　別，並使哲學與科學得以產生。M. Heidegger, *The Basic Problems of
　　Phenomenology*, Bloomington: Indiana University of Press, 1982, S. 300,
　　319–324.

題目所云「存有問題之超越視域」也是指同一意義 (4.1)。海氏的意思是：此有由其投設而先於自己，因此超越自己和他的世界及一切世間事物（充 40–46）。

此外，此有在一般情形中陷溺於存有物的關切之中，同時他為了自己以自由選擇方式向空無投設。一如上文所云，投設就是超越，亦即集合到向、已是、現前三個動向的時間性（8.1；充 108，126）。投設的這一過程使人關切到及手及手前之物。對世界投設時 (im Weltentwurf)，我人能制服可能之物，這時世間之物何以能被制服的「為什麼」這一問題就產生了：為什麼是如此而不是那樣？為什麼有存有物而不是空無一物？(充 114) 產生這些問題的最後基礎還是此有的投設，也就是植基於此有的超越。

對世間一切作投設的此有本身卻是被投擲的，因為此有是被投擲為自由的存有者，並非由於自願或自力所致，他本身是有限的。因此投設的此有雖因其超越性而是「為什麼」之理由的產生基礎，此有本身卻是「空無的基礎」或「深淵」(Abgrund)（充 128–130）。它不過是被投擲的一件事實而已，無法再追究理由。

9.2.2　剖析與評論

海氏於〈充足理由之本質〉小冊第三版序言中 (1949) 表示：這篇文章討論存有與存有者之間的區別（存有學區別）。和〈什麼是形上學〉一般，存有「不」是存有者，這件事所顯示的區別也討論一個「不」(Nicht) 字（充 2）。這兩篇文章是否討論同樣的問題呢？

仔細審視以後，兩篇文章不但都與空無有關，都提及超越，而且都涉及應用理則推論的理性認知。兩篇文章的答案也大同小異：理則推論與追究理由最後都植基於「被投擲的投設」，而後者是「空

無的基礎」。透過這投向空無的投設，此有才開顯了存有，從而開顯了不同類型的存有者，因此才發現存有與存有者之間的區別。

事實很顯然，〈充足理由之本質〉一文也把應用理則推論的理性認知歸約於「被投擲的投設」對事物的關切，而「投設」與「關切」均屬於人的情意層面。海氏之所以強調這點，對過份重視他所云「計算思想」與科技的現時代固不乏針砭之功，但仍不免矯枉過正。這一毛病卻不僅限於這篇或這二篇文章，而是海氏思想整體的特色。

10. 從「真之本質」到「本質的真」之轉折

　　進入討論以前，先應對此題作一交代。所謂「真之本質」，意指西洋哲學中一般所云「真理是什麼」的問題。正如〈論真之本質〉一文❶所云，這一意義之「真」是指句子的正確性 (Richtigkeit der Aussage)，亦即理智與事物之間的符合（真 178–179）。「本質的真」(Wahrheit des Wesens) 則指存有「開顯的挖掘」之功能或發生過程：「本質」一詞本來是用大寫開始的名詞 (Wesen)，釋義時卻改為動詞（指發生）；「真」則指存有之開顯與挖掘的基本特質。這樣，「真之本質即本質的真」一語，依海德格的說法，可作如下釋義："Das lichtende Bergen ist, d. h. lässt wesen, die Übereinstimmung Zwischen Erkenntnis und Seiendem"（真 198 二）。意思是：有賴於存有之開顯的挖掘，認知與存有者之間的符合始得以發生。

　　所謂「存有之開顯的挖掘」，必須由《存有與時間》中的時間性才能說得清楚 (7.3.4)，這裡恕不詳述。

　　本書第二章已經指出，海氏於 1930 年所作〈論真之本質〉這篇演辭，往往被視為他前後二期思想的分水嶺，因為它首次斬釘截鐵地把哲學問題由正確的「真理」轉折到存有之真與開顯的路上（真 199 二）。海氏在 1947 年發表的〈論人文主義信函〉❷就特別提到這點。以後又在 1949 年第二版〈論真之本質〉的尾聲中加上第一段，表示此文已開始有了轉折。〈論真之本質〉一文的這層思想，在

---

❶ M. Heidegger, "Vom Wesen der Wahrheit," *Wegmarken*, Frankfurt am Main: Vittorio Klostermann, 1978, S. 175–199. 本章中簡寫成「真 175–199」。

❷ M. Heidegger, "Brief über den Humanismus," *Wegmarken*, S. 325.

《存有與時間》中本來並非沒有。其實,《存有與時間》的目的即在
於以西洋哲學所擅長的理性思考方式來闡明存有思想;用海德格的
語言來表達,也就是用形上學的語言來表達存有思想。現在這步工
作既已完成,而〈什麼是形上學〉與〈充足理由之本質〉二文均充
份說明,理性思考方式導源於存在決斷的超越功能,海德格就急於
要擺脫尚停留於對不對、正確不正確的真理問題,而完全轉身到不
蔽性之真的思考方式。〈論真之本質〉一文於焉產生。

我們將先介紹此文內容,以後加以評論。

10.1 〈論真之本質〉的內容

這篇文章約可分成四部份:傳統的真理觀(第一節),正確之真
的內在可能性及基礎(第二、三、四節),真與不真(第五、六、七
節),由真之本質到本質的真之轉折(第八、九節)。其中第一與第
二部份已於《存有與時間》中 (214–230) 詳細討論過;〈論真之本
質〉不過說得較為簡潔。第三、第四部份的思想則雖非全新,卻已
添入新的佈局和構思。

10.1.1 傳統的真理觀

《存有與時間》於四十四節中格外指出,傳統的真理觀起自亞
里斯多德的論釋義 (16a6):「靈魂的認知與事物相符。」事實上,這
一看法經第十至十一世紀之猶太及阿拉伯哲學名家的傳承,遂為十
三世紀士林哲學大師亞奎那所接受:「真理寓於理智與事物之符合」
(Veritas consistit in adaequatione intellectus et rei)。理智是事物的原因
並因之是它的標準時,事物符合理智就是真(例如符合巴哈理智所

思的才真是巴哈的曲)；人的見解則必須符合事實才是真 ❸。亞奎那
既主張一切事物的最後根源是上帝，因此上帝就是真理的最後根源
與客觀標準 ❹。

在〈論真之本質〉中，海德格稱事物符合上帝的理智之真，替
人的理智符合事物之真提供保證 (Gewähr)。來自神學的創造秩序，
以後經黑格爾一變而成為宇宙理性：一切事物都符合宇宙理性（真
178–179）。現代人雖已根本放棄了神學，但傳統的真理觀仍然有
效：真就是反映出客觀事態的句子（真 180 一）。在《形上學導論》
中，海氏尚附加現代人心目中正確思想的另一特色，那就是可用數
學來計算 ❺。

10.1.2 正確之真的基礎

〈論真之本質〉第二節卻提出很有趣的問題：二個五馬克的硬
幣放在桌上，我們說它們彼此符合，因為二者的形態完全一致；但
當我們說「這硬幣是圓形」時，是這一句子與事物符合。事物與句
子的形態完全不同：句子並非物質，硬幣卻是金屬的物質，我們也
不能用句子去付費，二者完全不同。完全不同的東西如何能夠相符
呢？是因為一個是被反映的事物，另一個是反映出事物的句子。句
子反映事物代表一種對存有物開放的行動　(das Verhalten ist offen-
ständig zum Seienden，真 182 一)。祇有這開放性才是反映是否符合

---

❸　S. Thomae Aquinatis, *Summa Theologiae*, Pars I, Q. 21, art. 2, c., Torino:
　　Marietti, 1940, Tom. I, p. 158.

❹　同❸, Pars I, Q. 16, art. 5, c., p. 123。

❺　M. Heidegger, *Einführung in die Metaphysik*, Tübingen: Max Niemeyer,
　　1966, S. 147–148.

之標準 (nur durch diese-Offenständigkeit des Verhaltens-kann überhaupt Offenbares zum Richtmass werden für die vor-stellende Angleichung)。行動的開放性才使句子的正確性成為可能,因此前者足以稱為「真之本質」(真 182 三),亦即使正確性成為可能的開放行動之發生過程。

海德格在第三節中進一步嘗試說明,行動的開放性植基於自由,因此自由才是真的本質。這裡「本質」是指內在可能性之基礎:「真之本質」指句子正確性的基礎是自由。當然,海氏所云的自由跟一般意義不同, 它是 「讓開顯者的明顯之物得以顯示的自由」(Freiheit für das Offenbare eines Offenen)。接著他說:「反映的句子所認為正確而與之相比相符的明顯之物,即係開放行動所開顯的存有者。使開顯者的明顯之物得以顯示的自由讓每一存有者是其原來的存有者。到此,自由顯示為讓存有者是其所是。」(真 185 一)

接著,海氏分析自由這一現象,結果發現:使存有物依其本色顯示自己的基礎,是具歷史性的人。這裡我們必須重新回到《存有與時間》第一部份第二編中所剖析的此有之歷史性。此有的歷史性導源於他「被投擲的投設」:當他把被投擲的固有「遺產」全部接受,並斷然生活在由一己的決斷而來的處境中,就有了屬己的時間性與歷史性。人的歷史性的基礎因此是他的存在。依海氏說法,「存在」一詞的德文字 Existenz 意指 Ek-sistenz,也就是把存有者本身之不隱蔽性從自己向外投出 (Aussetzung)。 當第一個思想者面對存有者之不蔽性對自己提出「存有物是什麼」的問題時,具歷史性的人就在這一剎那開始(真 187 一)。接著海氏說:唯獨從自己向外投出的此有 (das ek-sistente Da-sein) 才讓存有者是其所是,並使人獲得選擇的自由。因此, 從自己向外投出的自由及開顯的此有才完全佔有

人，而並非人佔有自由（真 187 二）。自由既讓存有者是其所是，所以它就是真的本質，因為它挖掘出存有者。這裡的「真」已非一個正確句子的特徵，而是藉開放性而發生 (west) 的存有者的挖掘；藉之而開顯者就是向外投出的人的行動。人原來就以從自己向外投出的方式而「存有著」（真 188 一）。

上面這一段話仍須藉《存有與時間》才能了解，否則祇是咬文嚼字，無法悟其真髓。在討論關念之預趨的決斷時，海德格已清楚指出，此有僅藉決心與決斷確切地向自己開顯，因之而形成屬己的真實性。有了這個真實性或「真」以後，此有才不致歪曲，而讓存有者如其所是地被挖掘開顯出來。上文中所云的自由既指「讓存有者是其所是」，也就是屬己的真所形成，亦即藉真而得以發生。真與自由因此是一而二、二而一。海德格的意思很明顯，那就是把真理之觀照（句子之真）導源於決斷的真實。

10.1.3 真與不真

在第五、六、七節中，海德格又重覆《存有與時間》所云「此有同樣原初地處於真與不真之中」。〈論真之本質〉一文把這一題材一再反覆闡發。正因為人在個別行動中讓存有者是其所是而開顯，日常生活中的計算及忙碌卻同時使存有者整體蔽而不顯。因此，讓存有者是其所是同時也產生蔽塞與遺忘，真之本身包括其反面的不真。誤入歧途 (die Irre) 因此徹底控制著人。人卻仍有其不受誤導的可能性（真 190–195）。

海氏的這一見地打破了任何過份的自信。辯論時我們總是想要點破別人的蔽塞之處，很難想到自己也必然會被蔽塞與受誤導。然而海氏仍然指出人有不受誤導的可能性。

10.1.4 轉折思考

《存有與時間》在討論〈真之存有方式與真之條件〉已強調，真理的普遍有效性植基於此有的揭示以及讓事物被揭示的慷慨態度（真 227 四）。這就等於說，句子或陳述的正確性之真理植基於存在的真實。準此，本文導言中所云句子之真有賴於存有之開顯的挖掘，也是《存有與時間》的基本態度。〈論真之本質〉所云的「轉折」(Kehre) 因此另有所指。一如本文開始已曾提及，過去海氏是利用理性思考方式來打破理性思考的獨立性，使之從屬於此有之「被投擲的投設」及存在決斷。但海氏發覺，這樣的思考方式仍在反映與概念中打轉，現在他打算進入新的思路，亦即直接使人對存有的關係發生變化的思考方式 (sich als Wandlung des Bezugs zum Sein erfährt)（真 199 三）。

10.2 評 論

首先，海氏稱事物符合上帝的理智之真，替人的理智符合事物之真提供保證，這句話容易引起誤會。依據亞奎那的想法，事物符合上帝的理智，這是事物由無而有的原因：因為一切既係上帝所創造，那就一定符合上帝創造時的構想。海氏所云「替人的理智符合事物之真提供保證」，容易使人誤解成笛卡兒的想法，那就是確切知道上帝的存在以後，人的認知才會達成絕對的確切性。平心而論，海氏此語的原義未必與笛卡兒相同，祇是「保證」一詞易起誤解。

其次，海德格把句子的正確反映事物植基於人的行動的開放性，他的意思是：人之所以為人的行動是他的存在抉擇，唯獨在採取決

心時，人才是開放的，也就是對他自己開顯而達成存在的真或真實；這一情形之下，我人才會不偏不倚，自由自在地讓存有者如其所是地顯示出來。因此，存在的真或真實實際上就表顯為不偏不倚的光明磊落。海德格把這樣的真實視為正確認知的條件，這是非常深刻而合乎事實的見地。但他稱自由為真的本質，意義就有些顛倒：做了屬己的決斷以後，我人實現了真實的自我，以後才會把「人們的閒言閒語及見解置之度外，讓事物本身自由地被挖掘顯示出來」。這樣的自由自在是屬己真實自我所必然會流露的特徵，但稱之為「真的本質」，意義反而顯得模糊。

最基本的問題是：人藉存在決斷而達成的開放行動與態度誠然是正確認知的必要條件，但它是否正確認知的充足條件呢？換言之，理性的認知是否僅係存在決斷所衍生？抑或恰好相反，存在決斷需要理性的認知替它指引甚至決定方向？試以海氏（《存有與時間》）所云預趨於一己的死期而作屬於每個人自己的斷然抉擇而言，預趨於一己的死期已預設了確知自己會死的理性認知；否則任何斷然抉擇均無法產生。一如事實所示，決斷與認知是二種不同的精神行動：決斷需要某種認知，認知則未必經過決斷過程，但往往也可能成為決斷及自由選擇擺佈的對象。海德格一味以「被投擲的投設」或存在性的「向外投出」來解釋認知，是否太先入為主？

自從〈論真之本質〉一文開始了海氏「轉折」的新思路以後，他的著作並未一下子完全放棄理性推理的思考方式。但不容否認，海氏越來越走上沉思的路，他對存有的思考也越弄越深刻，最後他認為自己無須再提存有者而僅思想存有。

11. 揭開「存有思考」的謎

　　海德格對哲學發生興趣，是因為存有問題吸引了他 (2.2)。《存有與時間》一開始就引用柏拉圖對存有所提出的疑問，從而引發存有意義之討論。從存有一詞的各種不同意義之中，海氏以理解存有的存有者為起點，並以存在為此存有者的基本特色。他的這一選擇無異決定了海德格存有思想的方向與命運：無論他如何強調自己以存有為思考主題，卻始終不能脫離人以行動者資格能夠成為自己所要成為的東西，也就是不能脫離人的存在 (4.2.2)。海氏終其一生不斷地在製造新名詞，用以說明一些易遭誤解的名詞，或者對過去的思想加以補充；但他自始至終所關心的卻始終是具存在特徵的存有。可是，不斷製造新名詞的效果恰好和他的意圖相反：人們往往祇見到一大堆怪異的新名詞和希臘名詞，而無法體會到他用這些名詞所要顯示出的「事實本身」。

11.1　對海德格「存有」一詞的若干誤解

　　「存有」既是西洋哲學中二千多年的名詞，難怪習於傳統哲學的人會以為，海氏所云存有的意義也大同小異。最容易出現的誤解是把他的存有視為上帝或世界根源。海氏對此堅決地予以否認❶。

　　在《形上學導論》中，存有被稱為「進行著的功能」(aufgehendes Walten) 及「發生中的事」(als was es west)：存有似乎具超級力量，而人是此項力量所產生的「事件」(Zwischenfall)❷。

---

❶ M. Heidegger, *Wegmarken*, Frankfurt am Main: Vittorio Klostermann, 1978, S. 328.

這一說法容易令人以為存有就像黑格爾的絕對觀念或宇宙精神，或者視若柏格森的生命衝力。海德格的存有卻並非如此：當他否定存有是指世界根源或世界基礎 (Weltgrund) 時，隱含地也否定了這樣的想法：因為生命衝力是貫穿一切物質而使一切向生命進化的原因，存有卻並非原因，最多可說它是開顯的發生過程；存有更不是黑格爾所云以正反合方式變化的宇宙精神❸，黑格爾即視之為一切的基礎。一如〈充足理由之本質〉一文所指出，海氏旨在追蹤充足理由原理藉以發生的此有之超越及存有之開顯 (9.3.1)，與萊普尼茲的形上學大異其趣，與其他形上學更是不著邊際。

　　也有人以為後期思想中的存有至少可以遺世獨立，因為海氏在〈時間與存有〉中曾應用「有存有」(es gibt Sein) 與「有時間」(es gibt Zeit)❹這些句子，似乎存有與時間跟人不再發生關係；倒是人的投設是由存有所投擲❺。海氏在〈論人文主義信函〉中卻早已解決了這一疑難。事實上，《存有與時間》二一二頁第二段就出現過「有存有」的說法。法文譯為 il y a l'être，海氏認為稍欠準確，因為 es gibt 本來具「它給與」的意思，通常用為有這個有那個的「有」的意思；但海氏在這裡卻反常地用作「它賜與」的意思。什麼東西賜與存有呢？是「賜與其真的存有之發生過程」(Seine Wahrheit gewährende Wesen des Seins)❻。這裡我把 Wesen des Seins

---

❷　M. Heidegger, *Einführung in die Metaphysik*, Tübingen: Max Niemeyer, 1966, S. 124–125.

❸　M. Heidegger, *Zur Sache des Denkens*, Tübingen: Max Niemeyer, 1969, S. 68.

❹　同❸, S. 5。

❺　同❶, S. 335。

❻　同❶, S. 331。

譯為 「存有之發生過程」；使自己開顯者仍是存有自己。「發生過程」，是根據海氏於〈論真之本質〉中的說明 (10.2)。真實的發生過程則又非行動的人不可。一如下文將指出，人與存有互相歸屬，這才是海氏的真意。此外，在 「〈時間與存有〉演講之討論會記錄」中，海氏更明確指出，es gibt 並不指某件事物的手前存有，也不指某種可用之物，而是指一種與人有關的可怖而無可奈何的過程❼。這也正是《存有與時間》中的被投擲性 (6.1.3.1)，表示出人的存有方式並非人自願，而是投擲於他。

對存有的種種誤解均導源於把海德格思想視為形上學的一種。誠然，他在《康德與形上學問題》把《存有與時間》中的基本存有學 （一稱「此有分析」）稱為「形上學的形上學」(4.2.1)；其實他卻對形上學一貫地採取距離。在〈什麼是形上學〉的〈前言〉(1949) 中海氏已清楚點出，他的努力旨在克服形上學的反映思想，並對形上學的基礎提出問題❽。儘管海氏後期思想表面上和黑格爾接近，實際上他依然故我，並未和前期思想脫節。

11.2　存有的經驗

11.2.1　再談轉折

在剖析〈什麼是形上學〉一文時，曾指出海氏心目中的形上學是應用理則推論方法的各門學問，包括傳統哲學各科目及現代科學，它們的共同特色是以達到正確認知為目的 (9.2.2)。海德格的一生努力即在於要克服形上學的「反映思想」（〈論真之本質〉中所云的正

---

❼　同❸, S. 43。
❽　同❷, S. 19–22。

確之真），而走向唯一屬於純真人性的存有思想。

　　然而，西洋哲學與學術的整個傳統卻均以正確之真為主流。事實上，海氏自己也承認，他雖然一開始就以存有思想為目的，開始時卻仍利用「形上學的語言」來表達。以後發覺這種語言無法表達他的真思想❾，才改用沉思型的語言。《存有與時間》及海氏於1925-1927年之間的著作均應用「形上學語言」(4.2.2)。以後他清楚說明，他所用的「存有」一詞有二種不同意義，一種指「存有者的存有」，另一種指開顯之真的存有本身❿。海氏早期思想圍繞著第一種存有，旨在辨清不同類型存有者如何藉此有開顯自己而跟著開顯。第二種存有則嘗試「放棄存有者而思考存有」(Sein ohne das Seiende zu denken)，亦即不顧慮形上學去從事思考⓫。海氏以第二種意義談存有時，就是他所云的「轉折」(Kehre)。轉折並非改變了他的觀點，而正是因為他留在《存有與時間》所應想的內容；轉折首先也不屬於思想過程，而是在事態本身之中發生了轉折，因為人之本質即在於存有之真的開顯⓬。〈論真之本質〉一文已開始發生轉折的思考。但明確地以轉折方式去思考，卻是在〈論人文主義信函〉(1947)以後。一如海氏所云，形上學一味以「存有者之為存有者」的正確性為思考對象，「遺忘」了存有。海氏前期思想旨在用「形上學語言」研討存有者，使人逐漸體會到存有，而不再「遺忘」存有。

❾　同❶, S. 325。

❿　M. Heidegger, *Unterwegs zur Sprache*, Pfullingen: Günther Neske, 1959, S. 110.

⓫　同❸, S. 2, 25。

⓬　M. Heidegger, "Vorwort," zu W. J. Richardson's *Heidegger: Through Phenomenology to Thought*, The Hague: Martinus Nijhoff, 1974, XVII, XIX, XXI.

轉折以後則把重點轉移到存有，「記憶」起存有，而不再言存有者，
或者從存有說到存有者。

11.2.2　海氏心目中的經驗

　　然而如何能「記憶」存有呢？這就非訴諸經驗不可了。可是為
了表達存有經驗，海氏不知不覺又應用「形上學」語言：「然而什麼
是存有呢？它就是它自己。未來的思想必須學會去經驗到這個而指
說這個」，這就是〈論人文主義信函〉中的答覆❸。正因如此，關子
尹稱海德格的後期思想為「同義重覆的思想」❹。這一稱謂令人聯
想到維根斯坦或卡納普❺。其實，海德格的心意不在於重覆一些主
詞與述詞同義的句子；他所要求於「未來思想」的是切實經驗到存
有。

　　海氏明顯地提及存有經驗雖不很多，但提及時都與人以極大的
迫切感。例如在〈時間與存有〉這篇演辭以後的討論課記錄中，海
氏特別指出，要了解他的文句，「事物本身的經驗」(Die Erfahrung
der Sache selbst) 是必要條件❻；〈時間與存有〉於 1962 年 1 月 31 日
講述，同年 4 月初所寫理查孫一書序言的倒數第四段之大意如下：
一個人對存有之差遣及被差遣如果一無所感，「他對存有之遣發就無
法了解，正如同一個生來的瞎子絕無法經驗到什麼是光和顏色。」❼

---

❸　同❶, S. 328。

❹　Tze-wan Kwan, *Die hermeneutische Phänomenologie und das Tautologische
　　Denken Heideggers*, Bonn: Bouvier, 1982.

❺　可參考項退結,《邁向未來的哲學思考》,臺北：東大圖書公司,民國七十
　　七年,第六、七章,頁 113,148。

❻　同❸, S. 27。

❼　同❷, XXIII。

海氏對經驗曾作如下描述：「對一樣東西（或對人、對神）有某種經驗，是指我們遭遇到它，它碰到我們，把我們推翻而改變我們」 ❿。不消說，海氏的經驗當然不限於可感覺之物。

那末究竟什麼可代表他的存有經驗呢？這點很難從海氏某一個別作品來鑑定，而應綜觀他一生所持的態度，並應與他後期的見解相符。這樣的判斷雖未必百分之百準確，卻有極大的可靠性。

11.2.3　存有經驗的鎖鑰

要找到海氏存有經驗的鎖鑰，1944 至 1945 年之間記錄的三人對話可能是最佳的文獻之一。這一對話稍早於談「轉折」的〈論人文主義信函〉（寫於 1946 年），但思想完全屬於後期。對話的主題是超脫 (Gelassenheit)：海氏在這篇對話中主張思想不應執泥於反映❿，而應超越個別對象，向「自由的廣闊」(freie Weite) 開展❷。由於西洋哲學主知主義傳統的影響，一般人往往把這「海闊天空」(Gegnet) 視為漫無邊際的認知對象。海氏於這篇文章中卻用《存有與時間》中的「決斷」來講：「對顯示中的真實採取決斷才是思想之本質，亦即對海闊天空的超脫」。對海氏來說，決斷就是「屬己地接受自己的此有對開顯之物 (das Offene) 的開顯自己」 ❷。面對開顯之物的海闊天空及無邊無際，我們祇有超脫與等待 (warten) 的份，祇能夠「為無為」（《道德經》第三章） ❷。這篇文章所云的「海闊

---

❿　同❿, S. 159。

❿　M. Heidegger, *Gelassenheit*, Pfullingen: Günther Neske, 1959, S. 36–37.

❷　同❿, S. 39。

❷　同❿, S. 59。

❷　同❿, S. 33, 35。

天空」正是海氏存有思想的寫真。他心目中的存有始終跟人的時間性及屬己決斷脫不了關係。〈論人文主義信函〉仍是說「存有藉對外動向之投設而顯示於人」 (Sein lichtet sich dem Menschen im ekstatischen Entwurf) 便是明證㉓。「把對外動向」與「投設」連在一起顯然是指時間性。

11.2.4 存有經驗與時間

到此必須討論一個棘手的問題，那就是海氏後期思想表面看來似乎與前期無涉。例如勒味特 (K. Löwith) 於 1959 年慶祝海氏七十歲紀念論文集中已經認為時間性在他的後期著作中幾乎已消聲匿跡㉔。然而，曾幾何時，海氏於〈時間與存有〉(1962) 又大談時間，可見一時不提的題材未必已經忘懷。同年 4 月執筆的序言卻又說：《存有與時間》所描述的時間並未道出「適合於存有問題的最屬己的東西」 (das der Seinsfrage entsprechende gesuchte Eigenste der Zeit)㉕。關子尹引用此語，認為海氏已放棄了《存有與時間》所云的時間㉖。實則海氏不過覺得這一時間觀需要轉折思想來補充而已；轉折思想之所以會產生，正因為海氏始終留在《存有與時間》所應思想的事實㉗。

既然如此，要了解海氏的存有經驗，我們必須回到《存有與時間》對時間的描述：它是「到向」、「已是」、「現前」三個動向之聯

㉓ 同❶, S. 334。
㉔ Karl Löwith, *Heidegger, Denker in dürftiger Zeit*, Stuttgart, 1984, S. 233.
㉕ 同⓬, XIII。
㉖ 同⓮, S. 95。
㉗ 同⓬, XIX, XVIII。

合 (8.1)。〈時間與存有〉(1962) 並未放棄這三個動向，祇不過改稱為「向度」(Dimension) 而已；但他在後期已主張時間不僅有三個向度，而是四個。時間的第四個向度是前三向度彼此互涉的統一性：也就是每一向度都給其他二向度交相遞送自己，而此三向度顯示的交相遞送，正是最屬己的時間❷。

上面這席話似乎越說越玄。三向度的交相遞送自己，海氏應用一個新詞「歸屬事件」(Ereignis) 來說明。這名詞很可能給我們提供相當明確的訊息。〈同一律〉(1957) 一文中已對這一名詞詳加闡釋，它是「看到，亦即在看到時叫到自己身邊，使屬於自己」(er-äugen, d. h. erblicken, im Blicken zu sich rufen, an-eignen)，也就是在屬己事件中，人與存有互相歸屬 (worin Mensch und Sein einander ge-eignet sind)❷。〈時間與存有〉則說存有消失於歸屬事件中，時間與存有在歸屬事件中彼此歸屬 (Zeit und Sein ereignet im Ereignis)❸。接著，海氏又作了一些看去很空洞的描述:「在最屬己的時間及其時間域之中，顯示出『已是』的遞送自己，因為已是者已非現前，排斥了現前；『到向』的遞送自己也顯示出來，因為它尚非現前，卻預先留住現前」；簡言之，捨棄自己的事件 (Ent-eignis) 也屬於「歸屬事件」，因為排斥與預先留住現前都可以說是捨棄自己；但歸屬事件正因之而屬於自己❸。所謂的「捨棄自己事件」實即時間性或時間域 (Zeit-Raum)，它因恰才所云之時間三向度的交相遞送而成為 「開顯之

❷ 同❸, S. 16–17。

❷ M. Heidegger, *Identität und Differenz*, Pfullingen: Günther Neske, 1957, S. 24–25.

❸ 同❸, S. 22–23。

❸ 同❸, S. 23。

物」❷。這真是《道德經》「外其身而身存」(第七章) 的翻版。究竟這些表面上很空洞的話代表那些「事實本身的經驗」❸ 呢?

事實很顯然,那就是上文所云的決斷。決斷到向尚非現前之物,並在決斷時接受了已是的被投擲的一切,就顯示了時間性;一如方才所云,這都是捨棄自己,但真正屬於自己的現前卻藉「捨棄自己」而產生了。要了解歸屬事件究竟是什麼,海氏再一次強調不可用理則學的範疇;歸屬事件就是歸屬事件,也就是西洋古代哲學中的驅除隱蔽或「解蔽」(A-lētheia)。正如《存有與時間》所云,預趨死亡面對獨特的屬己自我而下決心時,人才有了「解蔽」或「真」的經驗。海氏對此作下述說明:「由於存有與時間僅於歸屬事件中出現,後者的特色在於把處於屬己時間中而發覺存有的人帶至他的屬己性之中,這樣屬於自己的人歸屬於歸屬事件上」❹。〈時間與存有〉中的這一說明並未完全擯棄前期的時間觀,祇不過把時間與存有歸屬於歸屬事件而已。

可能有人會想,人與歸屬事件 (時間與存有) 互屬的想法,與同一篇文章中「放棄存有者思考存有」的宗旨不合,因為人也是存有者。然而,海氏所要放棄的存有者顯然不包括人在內,因為離開人根本就不可能開顯存有。

凡此一切當然不是非理性,卻不是理性推理所能及,而是不折不扣的經驗。所謂的歸屬事件與「屬於本然」(Eignen) 不僅是單一事件 , 而且是獨一無二的 (nicht einmal mehr in einer Zahl, sondern einzig) ❺。這樣獨一無二的事件祇適合人的存在抉擇。人唯有在決

---

❷　同❸, S. 14–15。

❸　同❸, S. 27。

❹　同❸, S. 24–25。

斷與決心中才藉屬己的時間性而顯示存有；存有也就是人之獨特自我藉時間性的真實開顯（歸屬事件）。人必須安靜地等候投擲之現實性的展現，然後一而再再而三地透過投設的決斷開顯存有；而這一過程將漫無止境，因為存有本身就是超越 ❸ 。

11.2.5 存有的差遣

連帶也必須一談海氏在替理查孫所寫序言中所云的一種經驗。這裡海氏認為存有的開顯是賜與人的恩賜或差遣 ❸，而差遣與被差遣者都是存有（請參考上文 11.1 倒數第二段）。〈論人文主義信函〉也說：「人被存有投擲於存有之真」 ❸；又說：「存有在對外動向的投設中顯示於人。但投設並不造成存有。而且，投設本質上是被投擲的。投設之投擲者並不是人，而是存有本身……。」 ❸

存有的差遣究竟何所指呢？根據上文所云，人與存有於歸屬事件中互相歸屬於自己，存有即每一自我真正屬於自己的發生過程。儘管人能作連結三向度的投設而屬於自己，但這一過程與能力並非他自己所給，也不是他所自願，而是必須接受的事實──被投擲性。換句話說，每一自我屬於自己這一事件的發生過程（歸屬事件）先於人的設投行動；由投設與決斷而獲得自我之真實性，就是海氏所云的「存有之真」或存有的開顯。因此海氏說：「人被存有投擲於存有之真」。

---

❸ 同❷, S. 24–25。

❸ 同❶, S. 334。

❸ 同❷, XXIII。

❸ 同❶, S. 327。

❸ 同❶, S. 334。

11.3　思想的兩種面貌

　　方才引用的〈時間與存有〉一再說存有與時間均係思想之物❹。
海氏於此所云的思想是指存想意義的沉思，而非計劃、研究的計算
思想 (das rechnende Denken)❹。後者是一味以正確為念的形上學，
前者則記憶存有而思考存有之真❹。

　　〈什麼是形上學〉與〈論真之本質〉二篇文章都曾對形上學思
想予以抨擊 (9.2.2, 10.2)。《形上學導論》尤其對這一類型思想的理
則學基礎說得非常透徹，認為理則學以正確為「真」，完全基於對手
前事物的陳述❹(6.1.3.3)，是學院教師的發明，為哲學家所不屑，因
為它使存有與思想分離❹。在〈形上學之克服〉中，海氏指形上學
使人遺忘存有，正如尼采所云，一味以權力意志為念，要想藉科技
成為超人；實則「超人」與「低人」是一事 (Untermenschentum =
Übermenschentum)，因為科技的統制將使人受奴役，使人為存有所
捨棄❹。海氏一再強調，基督徒神學家以為上帝依理性規格創造世
界，因此世界符合理性，結果這一形上學思想在近代脫離了創造的
上帝，一味以數學的計算思想去統治世界❹。這樣的計算思想已使

❹　同❸, S. 4。
❹　同⓲, S. 12–13。
❹　M. Heidegger, *Was ist Metaphysik?*, Frankfurt am Main: Vittorio Klostermann, 1969, S. 21.
❹　同❷, S. 143。
❹　同❷, S. 92–93。
❹　M. Heidegger, *Vorträge und Aufsätze*, Teil I, Pfullingen: Günther Neske, 1967, S. 80–84.
❹　同❷, S. 147–148。

人淪為工作動物，並造成世界大戰，使世界瀕於毀滅❹。

　　既然如此，沉思對今日世界即有其迫切需要。下面的這些話就是針對沉思而發：「在思想中存有來到語言。語言是存有之屋。人住在它的寓所中」；「思想不僅在行動中……承擔責任，而且是透過並為了存有之真而承擔責任」；「思想思想存有，因為它因存有屬於自己而屬於存有」❹。這些話表示出思想、存有與語言的三角關係。下面我們對語言為存有之屋的題材將繼續加以發揮，這裡暫且從略。無論如何，海氏所云的思想是十足地替存有之真「承擔責任」的特殊思想。一如上文所云，存有之開顯藉決斷而發生：決斷的屬己時間使人開顯了真實的自己，這也就是思想了存有。由決斷而開顯存有的真實雖來自人的行動，但人之所以會如此，卻並非由於自願，而是不得不開顯存有，這也就是「人被存有投擲於存有之真」的意思❹。海氏認為這樣的思想並不摒斥另一種思想，而是前一類型思想本來藉存有之開顯而發生；而且始終不應忘本，在存有之光以內讓存有者之為存有者顯示出來❺。計算思想之所以構成危機，則是由於它與存有思想脫節。

11.4　存有與人的關係

　　上面已說過，根據海德格，人藉屬己時間發覺存有而歸屬於屬己事件。但屬己時間是藉「被投擲的投設」而成，後者是對世界的投設，同時也超越了一切存有者：人從空無中向空無投設時，就是

❹　同❹, S. 65, 84。
❹　同❶, S. 311–312, 314。
❹　同❶, S. 327。
❺　同❶, S. 327–328。

超越了一切「已是的」存有者 (9.2, 9.3.1)。人發覺自己不得不超越，他被存有投擲到超越行動。因此，存有根本就是超越者 (transcendens schlechthin)，因為人是「被投擲的投設」，但存有卻是投擲者❺。

　　無論海氏如何強調存有是超越者及投擲者，他心目中的存有卻始終藉人而顯示，因為始終是人去投設、決斷而成為屬己自我。存有藉人而顯示，人也因存有而展現自己的人性；因此人與存有絕對不是部份與全體的關係 （就如同把人、動物、植物視為生物的部份）❺。為了使人不再把存有視為一個對象，海氏把德文 Sein 加叉而成為 S̶e̶i̶n̶（中文譯為「加叉的存有」）。加叉的存有又表示，存有藉空無而顯示，同時也表示四者 (Geviert) 的四極；這四極也是由人而顯示❺。人之所以為人，正是在於他記憶存有；記憶存有而顯示屬己自我的真實時，不同類型的存有者也跟著被顯示。存有之真同時顯示出存有與存有者（存有學區別 = Ontologische Differenz）之差異的發生過程時，海氏把存有的德文字寫成 Seyn❺。海氏於〈鐘樓的奧秘〉一文中，說「最後一次鐘聲響至存有與存有者的區別之山」❺。意思大約是：最後一次鐘聲告訴老百姓知道，在處理日常事務（存有者）之中，每個人都必須面對上帝，顯示出屬於自己的真我（存有）。

---

❺　同❶, S. 334。

❺　同❶, S. 401, 403。

❺　同❶, S. 405。

❺　同❶, S. 198。

❺　M. Heidegger, *Zum 80: Geburtstag von seiner Heimatstadt Messkirch*, Frankfurt am Main: Vittorio Klostermann, 1969, S. 7–10.

海德格又稱存有與存有者的區別藉存有之真的顯示為仲裁
(Austrag)❺⑥，象徵存有之開顯的居間調停功能❺⑦。儘管海氏對這些
名詞的闡釋長篇累牘，似乎很難找到它們背後有什麼基於現象呈現
的新的經驗基礎。

---

❺⑥　同㉙, S. 61–62。

❺⑦　M. Heidegger, *Vorträge und Aufsätze*, Teil III, Pfullingen: Günther Neske,
1967, S. 17.

12. 語言——存有之屋

討論〈思想的兩種面貌〉(11.3) 時，前章已引用過「語言是存有之屋」等語。這些話之不易了解自在意料之中。然而存有與語言的關係卻是海氏後期思想的重點之一。本書既以介紹及評述海氏思想為任務，無論如何不能置之不理。另一方面，海氏討論語言問題時連帶發展出涉及詩與「安居」的深刻見地，足以讓我們進入他的境界之中；而這一境界正是今日世界所亟需的。

12.1 一般人對語言的看法

在以「語言」為題（1950 年 10 月 7 日）的演辭中，海氏說出了一般人對語言的看法：應用發音與聽覺工具的活動就是說話，表達出人的感情與思想；說話所說的就是語言。因此語言有下列三特徵：首先，它表達人的內心，第二，是人的活動，第三，同時也反映實在或不實在的事物。也有人說語言是一種應用形象與概念的象徵。

說完了以上各種見解以後，海氏表示它們都是正確的，卻不足以說出語言的本質特徵❶。

依據海氏說法，對語言的上述看法衹把語言視為理則學與文法的研究對象，一味視之為我人統治存有者的工具❷。和一位日本教

❶ M. Heidegger, *Unterwegs zur Sprache*, Pfullingen: Günther Neske, 1959, S. 14–16.

❷ M. Heidegger, *Wegmarken*, Frankfurt am Main: Vittorio Klostermann, 1978, S. 312, 316.

授談話時，海氏認為這一類以概念為主的語言太歐洲化，並非日本與東亞文化所需。

12.2　海德格心目中的語言之本質

正如同〈論真之本質〉所用的手法，海氏也從語言之本質說到本質的語言。語言之本質所問的是「什麼是語言」。上面已經指出，海氏認為這一問題無法藉一般的看法獲得答覆，必須乞靈於「本質的語言」。這裡所云「本質」指動詞意義的發生或進行，意思是：語言屬於（存有開顯的）發生或進行過程❸：「語言是存有本身之開顯與隱藏的到向」❹。

要了解這些啞謎似的句子，〈關於語言的對話〉一文 (1953–1954) 頗能助一臂之力。對話的機緣是東京帝國大學手塚教授 (Prof. Tezuka) 的拜訪：他們二人在森林溪畔散步討論語言。海氏在上述對話中表示需要《存有與時間》第三十四節來了解語言；同時也提及詮釋，因此也牽涉到第三十二、三十三節❺。

人之所以為人，是因為存有透過人顯示其真實。《存有與時間》對這點言之甚詳。每一自我藉心境、理解、言說開顯自己；理解尤其使人體會到此有是為了他自己，並為了自己而發為關切、關心、關澈三方面的投設，而投設以上述三著眼點向各種可能性展現就是詮釋。投設由已是到向未來而止於現前的決斷，開顯了此有的真實性 (6.1.3, 6.1.3.2)。此有在心境中藉投設與詮釋理解自己及世界以後，就會進一步以言說清楚地表達出自己的方向（意義）。再進一

❸　同❶, S. 176, 201。
❹　同❷, S. 324。
❺　同❶, S. 135–137, 148–151。

步，把內在的言說向外說出，才構成語言 (6.1.3.3)。因此語言包括了顯示存有之真的整個過程。

《存有與時間》稱「在有」或「寓有」為此有之存有方式 (Seinsverfassung)❻，「在世存有」意指「住於世界」、「停留於世界」(6.1.1)。〈論人文主義信函〉又特別引用《存有與時間》這段文字，指出「住於世界」的「住」或「寓」是「此有的本質特性」❼。另一方面，「此有即其開顯」，沒有這樣的開顯，我人之在一處所，就完全跟不知不覺的手前之物一般，不能稱為住，就存在性徵而言等於「不在」。開顯才是真的「住」與「寓」，這實在是意義深刻的描述 (6.1.2)。語言既包括整個開顯過程，所以海氏稱之為「存有之屋」，也就言之成理了。

〈論人文主義信函〉特別說明，「在世存有」的世界並不指與天國對立的現世，絕無意在現世與來世之間採取任何立場，而僅指此有以其存在抉擇處於存有開放性以內，不斷地超越自己❽。討論語言時，海氏的世界進一步顯示出天、地、人、神四者 (Geviert)❾。

存有的開顯同時也讓存有者顯示出來。因此，作為存有之屋的語言也有這一功能。語言有仲裁的功能，讓世界與萬物既分而合：萬物藉世界而獲得光芒，而世界也信賴萬物，走向萬物❿。海氏這一說法雖有些費解，卻和存有顯示存有與存有者的區別之說互相呼應。

---

❻　M. Heidegger, *Sein und Zeit*, Tübingen: Max Niemeyer, 1957, S. 54.

❼　同❷, S. 355。

❽　同❷, S. 346–347。

❾　同❶, S. 22。

❿　同❶, S. 24–25。

12.3 表顯語言之仲裁功能的一首詩

〈語言〉 這篇文章的大部份都用來逐字闡釋土拉克爾 (Georg Trakl, 1887–1914) 的一首詩，用以說明語言的仲裁功能。土拉克爾是奧國詩人，對神話與基督宗教塑造成的西方文化之間的衝突非常敏感；維根斯坦曾對他予以金錢資助，卻並未讓他知道。海德格所引用的〈一個冬天的晚上〉這首詩中，也出現了教堂的鐘聲和基督徒所熟悉的麵包與酒，但詩的情調卻是中立的。

一個冬天的晚上（土拉克爾作品）❶

窗外雪花飄零
晚鐘長敲不停
多戶人家擺妥餐桌
屋內一片舒適溫馨
一些在外跋涉的遊子
由幽暗的路徑返抵家門
恩寵的樹盛開著金色的花
從土地的清新之液汲取活力

遊子安詳地跨入家門
痛苦使門檻化為石塊

---

❶ 這首詩的中譯參考了沈清松教授的《物理之後——形上學的發展》(臺北：牛頓出版社，民國七十六年，頁 370)。必要時依原文作了一些修改。

呈現在前的純粹光明之中
桌上的麵包與酒閃閃發光

這首詩的最後一節，詩人在第一次起草時原如下式，其宗教意味更為強烈。

哦！人的純粹痛苦
他默默地跟天使交戰
被神聖的痛苦所逼
靜靜地仰望上帝的麵包與酒

依據海德格，語言表達了存有藉以開顯的心境與理解，因此是存有顯示之所或「存有之屋」。這一意義的語言是一種召喚，使被喚者既接近而又在遠處，這樣的語言也就是詩。日常語言則不再召喚，那是一種「被遺忘而用舊的詩」**⓬**。

海氏先講第一節。這第一節就召喚了一些事物（窗、雪、鐘、餐桌、屋），同時也召喚了世界，並讓事物藉世界而顯示**⓭**。《存有與時間》早已說過，海氏的「世界」指人的精神世界 (6.1.1)，手前之物與及手之物均藉人的世界而開顯 (6.2.1)。〈論人文主義信函〉說明：「世界」指存有的無底止開放性**⓮**。〈語言〉中的世界則包括天、地、人、神所構成的「四者」(Geviert)。《存有與時間》中的世界早已出現此有以外的「此有性存有者」，也就是別人。但人是會死的，

⓬ 　同**❶**, S. 21, 31。

⓭ 　同**❶**, S. 21–22。

⓮ 　同**❷**, S. 346。

因此海氏此文一直用「會死者」一詞形容人 (die Sterblichen)。會死的人不能自為標準，必須等候神，因為神才是標準❶。海氏又用一首霍德林的詩來說明神如何顯示自己：神雖係未知，雷電的閃光顯示出神的震怒❶。人住在地之上天之下，因此「地」也屬於人的世界❶。

　　既然如此，天、地、人、神所構成的世界，實際上均因人之存在而顯：人住在地之上天之下，抉擇時需要神作標準。此外，海氏格外指出，「恩寵的樹」由天、地、人、神合作而成，麵包與酒（象徵世間萬物）是天與地的成果，由神賜給會死者，因此集合了天、地、神、人四者一起構成世界❶。「晚鐘」把會死的人帶到神性世界；屋與餐桌把會死的人和地連接在一起。這樣，〈一個冬天的晚上〉這首詩所召喚的事物同時也展現出天、地、神、人的世界❶。

　　海氏藉這首詩所要說明的卻是語言的仲裁功能。上面曾指出，存有藉此有之心境、理解、言說而開顯，而語言包括了整個開顯過程。〈一個冬天的晚上〉所顯示的，正是遊子由幽暗冷酷的羊腸小徑走向光明一剎那的存在處境。這一剎那的決心使遊子開顯了最屬於他自己的存有，而詩的語言恰好表達出他的決心。這一決心的表達（「遊子安詳地跨入家門」）在詩人心目中無疑地是件極頂痛苦的事（「痛苦使門檻化為石塊」）。海德格卻把「痛苦」與門檻詮釋為「仲

❶　M. Heidegger, *Vorträge und Aufsätze*, Teil II, Pfullingen: Günther Neske, 1967, S. 25, 65.

❶　同❶, S. 74。

❶　同❶, S. 72。

❶　同❶, S. 23, 28。

❶　同❶, S. 22–23。

裁」(Austrag) 與「分界」(Unter-Schied)，它使四者世界與事物一起
顯示出來，同時又讓二者分開❷：語言的仲裁功能使世界的光芒照
亮事物（「麵包與酒閃閃發光」），同時又使世界與事物分界。這一說
法與存有的仲裁功能先後呼應 (11.4)，因此也必須互相對照才能了
解。

12.4 「人藉詩住在地上」

詩的語言既表達出人開顯自己的全部過程，所以它是「存有之
屋」。人透過心境、理解、言說開顯自己而同時開顯「世間存有者」
時，他就住在「存有之屋」(6.1.3)；所開顯的是什麼，人就住在什
麼地方 (6.1.1, 6.1.2)。一味開顯存有者而遺忘存有時，人就會無屋可
住。因此海氏對黑格爾與馬克思所云的疏離或異化 (Entfremdung) 頗
有同感：唯有住在存有身邊，人才可安居樂業❷。

海德格認為人類的建造活動已使人過份利用語言，以「語言的
主人」(Meister der Sprache) 自居。建造的本來意義是安居，也就是
安居在語言中；語言本來應是「人的主人」(Herrin des Menschen)。
現在建造活動以目的自居而使主客易位，原來的建造意義已遭遺
忘❷。這一來，表達出開顯的「存有之屋」就絕跡了，而人開始鬧
屋荒，成為無家可歸❷。

海氏心目中的安居是指憩息與安於本性 (das eigentliche
Schonen ist...etwas in seinem Wesen belassen)，非常接近莊子所云「無

❷ 同❶, S. 27–28。
❷ 同❷, S. 336, 339。
❷ 同⓯, S. 20, 22。
❷ 同⓯, S. 36。

益損乎其真」（〈齊物論〉第二 18）及「欣欣焉人樂其性」（〈在宥〉第九 2–3）的境界。「人的安居在於會死的人住在地上。但『在地上』也就是『在天之下』。二者同時也指『在神之前』和『在人之間』。由於這原初的統一性，地與天，神與會死的人都屬於一」❷。因此，安於本性及不損其真的真諦在於保護四者不受損害：人應接受自己的死亡，等候神，迎接天，保養大地❷。唯獨我們真想安居，我們才能建造。所建住屋一方面應提供蔽身之所，以免受凍，但在餐桌後面也不忘「上帝之角」(Herrgottswinkel)；另外在小孩床舖之外也不忘記保存棺木之處。海氏所云把棺材保存在屋中的習慣，我國過去就是如此：幼時鄰居一位老婦的起居室中就放了一口供她自用的棺材，裡面還放著她要用的壽衣。「上帝之角」則是德國南部（包括奧國、瑞士德文地區）一般家庭起居室兼餐廳必備的一角：餐桌邊緣的二邊牆上裝「厂」形的木質長椅，長椅正中上部通常都安置耶穌釘在十字架的態像。

　　海德格所云「四者」和諧相處的境界，和我國春秋時代的想法竟然若合符節。根據《國語》，春秋時代（前 722–前 481）「有天、地、神、民、類物之官，是謂五官，各司其序，不相亂也。民是以能有忠信，神是以能有明德。民神異業，敬而不瀆。故神降之嘉生，民以物享，禍災不至。」❷天、地、神、民恰與「四者」切合；海氏卻不再提及「類物」，因為它是四者所構成的世界之間的萬物，和四者都有關係 (12.3)。

　　另外一篇詮釋霍德林 (Friedrich Hölderlin, 1770–1843) 詩句的一

---

❷　同❶，S. 23。

❷　同❶，S. 25。

❷　《國語》，臺北：藝文印書館，民國六十三年，頁 402。

篇文章也發揮大同小異的境界。依據這首詩，海氏指出人的建造與製作雖充滿功績 (voll Verdienst)，但建造活動如果反客為主，反而會妨害安居的真諦。詩的活動才是建造的適當開始㉗。詩的活動是把天與地併在一起來測量；人是測量者，標準卻是神。神是未知者，卻是標準，並由天空而顯示㉘，而友愛是神的標準㉙。

　　讓我把這首詩的後面一部份譯為中文以餉讀者㉚：

　　　　充滿勞苦功績的人
　　　　卻藉著詩住在地上
　　　　但黑夜之影與星星
　　　　卻並不比人更純淨
　　　　他稱為神性的形象
　　　　地上有否標準？沒有

12.5　對海德格所云語言與安居的評論

　　讀了這篇文章的大部份以後，讀者想來都能了解，海德格對語言的看法無意替代一般的語言哲學或語言學。他所云的語言是存有開顯的對外表顯；存有開顯的過程中，存有者亦隨之藉關切而顯示。我在本書第九章、第十章已對海氏主意說傾向有所批評，因為關切

㉗　同⑮, S. 65, 76。
㉘　同⑮, S. 69–71。
㉙　同⑮, S. 77–78。
㉚　同⑮, S. 68。

與理性認知之間究竟尚有一段距離，不能不加分辨。除去這點我不能完全同意以外，海氏對原初的詩之語言的看法實在非常深刻，而且切中時弊。海氏所云的詩之語言表達出每一自我對自己負責的開顯自己。毫無疑問，這是最可貴最屬於每一自我的語言。唯有藉這樣的思想和語言，人才能安於所居。

海氏對安居的發揮也非常明顯地帶有返歸自然與宗教色彩。海氏思想之有宗教色彩，一方面是因為宗教本來是對自己負責的思想之不可省的層面。隨著沉思型思想的開展，海氏越來越公開表示他對宗教層面的興趣。另一方面，這也是他幼年時的興趣 (2.1, 2.3)。他給日本教授所說的一句話說明了他自己的心路歷程：「沒有神學的來路我絕不會走到思想的路。但來路往往也是去路」❸❶。他之研究哲學，本來是因為要研究神學。以後雖然放棄了神學，但哲學的基本方向（去路）已被神學所決定。實則，他的思想整體都以每一自我對自己負責的存在為主，這點本身就有宗教意義。循著這條路線，難怪晚年他越來越接近宗教。

然而，他以哲學家的身份，卻從未把宗教思想限於基督宗教的圈子。一如他自承，他從未放棄基督宗教的信仰；1919 年的轉變不過是放棄天主教哲學系統而已。不寧唯是，事實已證明，他當時想要促進「內在之人的永恆使命」，的確是他一生的工作目標（2.3，最後一段）；而這一理想本身就具宗教意義。儘管如此，他自己的基督徒信仰跟哲學思考一向涇渭分明，以哲學家身份，他從來不表明自己有宗教信仰。即使講天、地、人、神時，所謂的「神」或「神性」都未必指基督徒的上帝，而是泛指任何宗教中的神，甚至也可指泛神論的神性或絕對的超越價值。正因如此，所以他在 1966 年答

❸❶　同❶, S. 96。

覆《明鏡》雜誌記者說:「祇有神能救我們」(他的「神」字用小寫) ❷。方才引用「人稱為神性的形象」一語,以及神才是標準,甚至也可以指人對絕對價值的嚮往,與唐君毅先生的境界很接近 ❸。沒有這樣的絕對價值,人就會不安,覺得精神的空虛而心不安舍。當然,海氏的四者更能與各種傳統宗教信仰打成一片。

海氏的安居思想也很有返歸自然的意味。這和他喜歡山居和喜言「地上」有關:他以為地是人的命根子,絕不可把太空視為人的居住之所。因此,當他第一次見到由月亮所攝的地球照片時,他說自己感到非常不安和震撼 (shocked),因為他認為人類歷史中一切偉大的東西都由於人有居所和傳統。像當代的文學,他就認為多半是毀滅性的 ❹。他的這些見解不見得會受大眾歡迎,但卻值得回味而具參考價值。

---

❷　Thomas Sheehan (ed.), *Heidegger: The Man and the Thinker*, Chicago: Precedent Publishing, Inc., 1981, p. 57.

❸　唐君毅,《生命存在與心靈境界》下冊,臺北:臺灣學生書局,民國六十六年。請參考第二十六章第七節:盡性立命之涵義,第八節:盡性立命之道,頁 872–887。

❹　同❷, pp. 56–57。

13. 科技與藝術

　　在一篇命名為〈哲學之終結及思想之任務〉(1964) 的文章中，海德格稱一味追究存有者的原因是形上學的特色。形上學經過柏拉圖、亞里斯多德、康德、黑格爾、馬克思各階段，終於發展成現代科技，而操縱學 (Kybernetik) 即係形上學的登峰造極。到此，哲學已走到了它的盡頭，以後就開始了以西歐思想為基礎的世界文化❶。這種文化以科技為主，對自己一點不加思索，而為尼采所云「權力意志」所擺佈。人們以為一切都可計算，包括人的生育及文化生活。結果這樣的「超人」實際上就是「低人」，因為獸性以理性名義控制了人類❷。

　　1966 年《明鏡》雜誌訪問海德格時，他又再一次強調說：「哲學已到了盡頭」，不可能立即改變當前世界的方向。現代人已被科技的力量所迷惑，到了無法控制的地步。一切在施展功能，而功能又漫無目的地推動一切去促進進一步的功能；行為的「內在真實性」卻為人所忽略❸。

　　儘管如此，他仍希望藉著他一再大聲疾呼著的「本質思考」，世人終將清醒過來，終有一天會澄清、強化他們的準備，而讓神顯示出來❹。海氏認為應該思想的東西太偉大，我們能替它打開一條窄

❶ M. Heidegger, *Zur Sache des Denkens*, Tübingen: Max Niemeyer, 1969, S. 62–65.

❷ M. Heidegger, *Vorträge und Aufsätze*, Teil I, Pfullingen: Günther Neske, 1967, S. 75, 79, 83, 86–88.

❸ Thomas Sheehan (ed.), *Heidegger: The Man and the Thinker*, Chicago: Precedent Publishing, Inc., 1981, pp. 56–58.

路已經功德無量❺。前一章我們曾討論詩的語言，這章中我們將談到藝術；這些在他心目中都是打開思想窄路的嘗試。

13.1　現代技術的本質

〈對技術的問題〉是海氏在慕尼黑技術學院於 1953 年 11 月 18 日發表的一篇演講。這篇文章卻並不以排斥的口吻申斥科技，而是對科技提出了相當縝密的分析。

首先他討論一般人對技術的看法。一般人往往把技術視為人為了達到目的所用的方法，它祇是工具而已。海氏認為這一看法是正確的，卻並未表達出更深一層的真實❻。

大自然 (φύσις) 本身自發地採取行動，堪稱為最高的「產生」(ποίησις) 行動❼。技術卻是在別的事物身上採取產生行動。從柏拉圖開始，技術 (τέχνη) 一詞與知識 (ἐπιστήμη) 一詞並用：後者讓人揭示事物的究竟；但依據亞里斯多德，前者也是揭示 (ἀληθεύειν) 的一種方式。技術使一種不能自發地採取產生行動之物獲得不同的外型；例如造屋者與鑄祭器者在製作時揭示了事物的外型。技術的決定性要點不在於製作行動，也不在於應用素材與工具，而在於方才所云的揭示；工具不過是為了揭示，人的投設才採取了揭示行動，使隱蔽之物得以開顯與揭示，也就是使事物顯示出它們的真 (ἀλήθεια, veritas)❽。

---

❹　同❸, p. 60。

❺　同❸, p. 65。

❻　同❷, S. 6–7。

❼　同❷, S. 11。

❽　同❷, S. 11–13。海氏引用了柏拉圖的《對話錄》(205b) 以及亞里斯多德的

　　那末，現代技術和傳統技術有何不同呢？現代技術也是一種產生行動，因此也是開顯與揭示。但它植基於精密的實驗科學，是一種「挑戰性揭示」(herausforderndes Entbergen)。傳統的技術並不對大自然挑戰，例如古代人所製的風車完全由風指使；風力在何時產生，完全不聽人指揮。現代科技則對大自然作「無理」要求，對大自然提出挑戰，要它隨時提供能源後另加貯藏。大地之國現在變成煤礦、鐵礦、鈾礦或石油的貯藏所，萊茵河也變成水力發電機的一部份，甚至大自然的風景也成為旅行公司的掌上之物。由人的計劃來控制大自然，保險可以利用大自然的資源，這是「挑戰性揭示」的二大特色 ❾。

　　受到科技控制的事物現在已成為「被指令作某種用途之物」，或簡稱「指令物」(Bestand)，它不僅包括機器，而且包括現代工業所及的一切：樹林成為造紙及木材工業的指令物，造紙工業又成為畫報公司的指令物。畫報公司又指令輿論，務使印刷物被吞噬。這樣，甚至人也被視為「人力資源」，成為指令物之一 ❿。

　　然而，海氏認為「挑戰性揭示」與「指令物」二概念尚不足以概括現代科技本質的全貌。到此，海氏認為他不得已又必須另創新詞，亦即 Gestell 一詞。這一德文字的通用意義是指支架、框架、底座、書架等。這次他首度應用時寫成 Ge-stell，意指「那種指定的總彙」(das Versammelnde jenes Stellens)。「這種指定指令人，亦即對人提出挑戰，要人以指令方式視實在之物為指令物而加以揭示」。Gestell 一詞的意含既如此複雜，所以很難譯為中文，勉強可譯為

　　《尼各瑪古倫理學》第六書第三、四章。
❾　同❷, S. 14–16。
❿　同❷, S. 17–18。

「指構」,因為它包括下列三個步驟:第一、人被指定要揭示的原初事實,他一開始就接受了挑戰;第二、被指定如此做的人以挑戰方式 (即以人的最小勞力使大自然產生最大績效) 指令大自然;第三、被如此揭示而隨時待命的指令物。「指定」與「指令」綜合在一起就是「指構」。依據這一構想,人本來就在「指構」的發生過程範圍 (Wesensbereich) 以內。人本來就被遣發 (Geschick) 至揭示的路中,因此他的行動才構成歷史;人的行動之具歷史性,正因為是被遣發 (Dieses wird geschichtlich erst als ein geschickliches)⓫。人究竟被誰所遣發呢?根據海氏的一貫說法,人仍由存有所差遣 (11.1, 11.2.5),因為人一開始就被投擲到以投設方式而成為屬己真實自我的發生過程之中,這一被遣發過程簡直可以說是人的命運。由於「歷史性」指被差遣的過程,所以海氏才說:「技術以歷史性而言 (geschichtlich) 更早,從史學性而言 (historisch) 較晚。」⓬

13.2　現代技術所造成的危機

依據上文所言,人本來就在形成現代技術的「指構」之中,科技也是人本來應該揭示的一部份。然而人往往陷溺於其中,反客為主,根本就遺忘了被指定去揭示的人本身。表面上,透過科技人往往自以為已成為大地的主人,實則祇知道有「正確」的事物,喪失了存有之真⓭。

現代技術之陷入這樣的危機,其實導源於現代科學對實在界的看法。現代科學認為發生功能的才是實在之物。浦朗克 (Max

⓫　同❷, S. 19–20, 23–24。
⓬　同❷, S. 22。
⓭　同❷, S. 26–27。

Planck) 更進一步說：「實在者即可測量者」 ⑭ 。這無異是僅視人為造成指令物的指令者，甚至僅視人為指令物⑮。因此，海德格認為現代科技所造成的最大危機，倒不是污染與原子彈可能毀滅世界，而是「挑戰性揭示」成為唯一的揭示，而把揭示的其他可能性驅除殆盡⑯。

　　海德格從小在悠閒的小鎮中長大；一生中的多半時間他都在山上渡過，非常接近大自然。因此，對破壞大自然景觀的現代科技多多少少懷著戒心。上面曾提到，當他看到從月球所攝的地球照片時，不僅沒有一絲興奮，反而覺得震驚不安，因為他認為這證明科技已使這一代人不再安心生活在地球上，變成沒有根的一代⑰。

　　試舉一例來說，大城市中某些現代建築形式往往令人有壓迫感；下面這首詩對此表達得非常入神：

玻璃大廈 ⑱

聳天而立
褐色的玻璃
如銀幕垂掛

雲影灰黯

---

⑭　同❷, S. 40, 50。
⑮　同❷, S. 26。
⑯　同❷, S. 27, 34。
⑰　同❸, p. 56。
⑱　這是一位現代中國詩人的作品，一點沒有受海氏影響。

漠然
遊移其上

夕陽無畏
逼褐色的巨蟒吐信
卻也在片刻被吞噬
不剩一絲餘暉

　　海德格認為，這一切導源於過份重視科技的功能而缺乏思想所
致。然而，「物理學無法對物理學本身有所陳述，物理學的一切陳述
祇以物理學語言講話。物理學本身無法成為物理學的實驗對象。同
樣地語言學也無法對語言學本身有所陳述」。所有科學都是如此 ❶⁹。
海德格並斬釘截鐵地說科學不思想，亦即不想最應思想而與人有關
的東西；而科學之不能思想，並非它的缺點，而是它的優長，因為
這樣才能夠專精於個別研究領域。這也就是說，科學之為科學本來
就不管海氏所云的思想，然而人卻非思想不可。科學與思想之間並
無橋樑可走，而僅可跳躍 ❷⁰。這樣的跳躍很不容易，科技的危機也
就很難避免。

　　儘管如此，海氏仍認為科技的危機有避免的可能。他一再引用
霍德林的詩句：

　　但那裡有危機，

---

❶⁹　同❷, S. 57。

❷⁰　M. Heidegger, *Vorträge und Aufsätze*, Teil II, Pfullingen: Günther Neske, 1967, S. 6–8.

救星亦隨之生長。

現代科技本來就由「指構」指定人揭示而來，而人原來歸屬於真之屬己事件。指定人作「挑戰性揭示」的存有也就是救星，它會讓人同時見到存有之真構成人性的無上尊嚴 (die höchste Würde seines Wesens)。這樣，「指構」的發生過程一方面讓現代科技產生在我們的時代，同時也會讓我們超越一味從事指令的權力慾，使我們接觸到人的本性。而詩與藝術正是使人返璞歸真的媒介❷。

13.3　藝術的本質

上節的最後一句正好把我們帶至藝術這一題材。

黑格爾認為藝術是一種過去之物，海德格一反其說，肯定藝術是促使一個民族新生的起源❷。

海氏認為藝術的本質是「存有者之真的成為作品」。尤其在偉大的作品中，藝術家本人成為無關輕重，似乎在創作時自己完全消失。藝術作品本身使隱蔽不顯的大地開顯出世界❷。這裡我們必須記住《存有與時間》對世界的剖析，它是人的精神世界，亦即「存有的開放性」(6.2.1)。因此，藝術作品必須呈現出人的世界，一切存有者祇能夠在人的世界被展示。大地本質地封閉自己，藝術作品使大地在人的世界中被展示❷。

---

❷　同❷, S. 32–35。

❷　M. Heidegger, *Holzwege*, Frankfurt am Main: Vittorio Klostermann, 1963, S. 65–66.

❷　同❷, S. 25, 28, 29, 33。

❷　同❷, S. 34–36。

　　依據這一說法，藝術創造活動也需要手工的精巧。但手工的精巧不過是必要條件而已，藝術創作必須讓真出現。而真恰好出現在封閉的大地與開放的世界之間的爭執中：原來被大地所隱蔽之物，透過藝術作品採取了固定形式；藉此一個世界即被開顯，也就是出現了真❷❺。

　　藝術作品雖可能以建築、繪畫、音樂、詩歌的形式出現，以最廣意義均可稱為詩 (Dichtung)。 藝術作品透過詩對真作投設 (der dichtende Entwurf der Wahrheit)，這樣的投設開啟了此有原來已被投擲到的大地。因此藝術替個人與民族提供新的動力 ❷❻。

　　「透過詩對真作投設」一語仍必須藉《存有與時間》始能領悟。詩所表現出的真有兩種：一種是存有者之為存有者的揭示，另一種是存有之真 ❷❼。 存有者之為存有者的揭示是透過理解與投設 (6.1.3.2)。詩的想像力所表達的就是此有的一種投設。詩的表現如能透過一些事物顯示出人的世界，就是有了藝術意境。存有之真本身的揭示則直接表達出人的世界 (6.1.3.2)。

　　到此，也許應一提，討論藝術這篇文章於 1936 年定稿，而討論科技一文則完成於 1953 年。後者這篇文章所云的世界包括了大地，前面這篇則讓大地與世界對立，顯然發生了變化。實質上，兩篇文章中的大地始終屬於被投擲於人的東西。人把大地納入自己的世界，則是以後才發生的事。

---

❷❺　同❷❷, S. 51–52, 47。

❷❻　同❷❷, S. 63–65。

❷❼　同❷❷, S. 67。

13.4　對海氏科技與藝術觀的省思

海氏對現代科技雖一再作嚴峻批評，卻並不像莊子那樣完全排斥技術。《莊子‧天地》（第十二. 56–57）有如下的話：「有機械者必有機事，有機事者必有機心。機心存於胸中，則純白不備。純白不備，則神生不定。神生不定者，道之所不載也。」這是對任何技術的否定。海氏卻承認現代科技是「指構」的產物，而人亦為「指構」指定去發展科技；等於承認這是人性的一部份。老年時他還讓人替他裝設了很精緻的音響設備❷❽，充分表示了他對科技的積極態度。他所強調的是：技術不過是人所揭示的一部份，不僅非主要部份，而且藉更基本的揭示而產生。基本的揭示如被忽視，那就是忘本，而使人性受損。生態的損害及整個文明世界可能遭到毀滅等等，都是人性受損的必然後果。

然而，一如海氏所指出，「祇要人張開眼睛和耳朵，開放他的心，從事於思考、行動、塑造、工作、要求與感謝，他發覺自己處處被帶至不隱蔽之物」❷❾。不消說，這樣的揭示遠較造成「指令物」的揭示更重要。後者唯獨在整合於前者時，才合乎「知所先後」之道。他的這一想法非常接近孔子的教育理想：「弟子入則孝，出則悌，謹而信，汎愛眾，而親仁。行有餘力，則以學文」（《論語‧學而》第一 6）。孔子並不忽視各種學科，他也很重視射、御、數等術科；但他主張從事人的基本思考與行動遠較這些學科更重要。把各

---

❷❽　Max Müller, "Martin Heidegger: Ein Philosoph und die Politik," (ein Gespräch mit Max Müller) *Freiburger Universitätsblätter*, Heft 92, Juni, 1986, S. 28.

❷❾　同❷, S. 18。

學科教育整合於道德思想與行動的教育，始足以造成「文質彬彬」的君子（《論語·雍也》第六 18）。

追隨著孔子的淑世理想，後代的儒家學者無不極度重視促使人類社會進步的技術。（《易經·繫辭》下 2）稱古代發明捕魚之網、農耕用具等名家為聖人。鴉片戰爭以後，我國士大夫雖仍視歐美人士為夷狄，卻不能不接受他們更進步的現代科技。因為中國數千年的歷史告訴我們，一味重視人文而未促進技術，終必導致貧弱之途。而在極度貧窮的情形中，對大部份人而言，詩與藝術也無法使人心胸廣大。

我相信海德格會無條件同意上面這些話，同時也會堅持他對科技與藝術的看法，因為二者並不矛盾。事實上，由於過度相信科技，許多人甚至把人腦也視為比較精密的一種計算機。海德格正說穿了這些人的弱點，稱他們為存有所遺棄 (Seinsverlassenheit) 替這些人指出了詩與藝術的途徑，使他們重新找到無底止開放的人的世界，這是他了不起之處。但詩與藝術以外是否就別無蹊徑了呢？

海德格的時間性等理論影響了日內瓦文藝批評學派的許多學者❸。史太格 (Emil Staiger, 1908–1987) 尤其深受薰陶：他在《作為詩人想像力的時間》(*Die Zeit als Einbildungskraft des Dichters*, 1939) 一書中，以人內在的生活時間和節奏來解釋文藝作品的統一性❸。一般說來，海氏對文藝理論的影響均來自《存有與時間》的「此有

---

❸ Robert R. Magliola, *Phenomenology and Literature: An Introduction*, West Lafayette, Indiana: Purdue University Press, 1977, pp. 28, 57.

❸ 同❸, p. 33。

史太格 (Emil Staiger) 著，陳公月譯，〈時間與詩人的想像〉，《哲學與文化月刊》第十五卷第三期，民國七十七年三月，頁 205–209。

分析」。其實，後期思想中對藝術的看法似乎比較更深刻而有力。蒂彌恩斯加女士的〈新詩學〉(Poetica Nova) 雖對海氏有所批評，卻仍認為文藝創作是 「存在中的自我詮釋」 (Self-interpretation in Existence)，和海德格的思想非常接近❸。

❸ Anna-Teresa Tymieniecka, "Poetica Nova: The Creative Crucibles of Human Existence and of Art," Part I, The Poetics of Literature, A.-T. Tymieniecka (ed.), *The Philosophical Reflection of Man in Literature*, pp. 1–93, Dordrecht: Reidel, 1982, pp. 69, 72–73.
項退結，〈介紹一本藝術哲學新書〉，《哲學與文化月刊》第十卷第八期，民國七十二年八月，頁 574–576。

14. 兩種迥然不同的存有學區別

　　海德格首創「存有學區別」(Ontologische Differenz) 這一名詞；它在西方哲學界目下已逐漸通行。這一名詞的含義是「存有」並非就是「存有者」，二者之間有區別。從首先應用此二詞討論哲學問題的希臘語文而言，*εἶναι* 是不定式動詞，可譯為「存有」，*τὸ ὄν* 則是 *εἶαι* 這一動詞的現在式分詞單數中性第一格，可譯為「存有物」或「存有者」。波哀丟斯 (Boethius, 480–525) 於第五與第六世紀之交譯成拉丁文時，就已經用 esse 與 quod est 二詞來表達。中古時代這二名詞習用成 esse 與 ens 二字。歐洲重要語文在文法上幾乎都有這二種形式；哲學上卻往往二詞意義不分。五十年代初，我在義大利聖心大學時，essere 與 ente 二字幾乎可以通用，法文哲學詞彙中則根本祇用 être 一詞。但自從海氏一再強調存有 (Sein) 與存有者 (Seiendes) 的區別以來，法國哲學界也通用了 être 與 étant 二詞。祇有英文比較困難：因為相當於 Sein 的 to be 不適於成為哲學用語；不得已祇好用大寫的 Being 與小寫的 beings 來替代。既然如此，中文用「有」、「實有」同時作為 Sein 與 Seiendes 的譯名，勢必導致無法討論存有學區別的困境。用「存在」作為 Sein 的譯名，將分不清 Sein 與 Existenz，那就更糟。同樣地，用「本體論」作為 Ontology 的譯名，這問題也將永遠糾纏不清：因為「本體」與「現象」相對，根本與「存有學區別」拉不上關係。

　　存有學區別對當代的分析哲學幾乎不可能引起反響。對之反應最熱烈的是新士林學派，因為他們一向非常重視存有學，視之為哲學的基礎。因此，海德格所創的這一新名詞很快就被新士林學派接

受。然而，二種思想的存有觀既完全不同，所云的「存有學區別」也就跟著分道揚鑣。因此澄清這二種迥然不同的存有學區別，也就有其必要性。

14.1　海德格的存有學區別

對海德格來說，存有學區別幾乎是最重要的問題。《存有與時間》一開始就說存有問題已遭遺忘，而在第一編第三章中討論「世間存有者的存有」❶，也就是作了存有與存有者之間的區別。《現象學的基本問題》尤其使此區別顯題化：此書第二部份即以此為主題。海氏在這裡格外以時間性來說明存有學區別。因為存有藉此有之投設而顯，而投設藉時間性超越自己 (8.1)；在超越過程中，以各種不同方式存有著的存有者也就顯示出來 (6.1.3.2, 6.2.1, 6.2.2)。這一切既可用「存在」一詞來總括 (5.1, 6.1.2)，因此海氏說「存在意指執行此項區別。唯有能作此區別的靈魂才適合超越動物靈魂而成為人的靈魂」❷。

上面已一再提及，海氏思想前後二期之分，在於前期講存有者的各種存有方式或存有結構，後期則不提存有者而僅言存有之真或開顯❸。〈時間與存有〉一文就完全採後面的討論方針，本書第十一

---

❶ M. Heidegger, *Sein und Zeit*, Tübingen: Max Niemeyer, 1957, S. 2, 6.

❷ M. Heidegger, *The Basic Problems of Phenomenology*, translated by Albert Hofstadter, Bloomington: Indiana University Press, 1982, p. 319.

❸ 同❶, S. 63。

M. Heidegger, *Unterwegs zur Sprache*, Pfullingen: Günther Neske, 1959, S. 110.

M. Heidegger, *Zur Sache des Denkens*, Tübingen: Max Niemeyer, 1969, S. 2.

章 (11.2.4, 11.2.5) 已詳加敘述，恕不贅。值得補充的是，海氏自己在替理查孫所寫的序言中格外提醒人注意《存有與時間》1957 年第七版前的短誌。這裡他廢除「上冊」(Erste Hälfte) 的稱呼，因為要在四分之一世紀以後再繼續寫下冊，那就必須把上冊重寫。儘管他認為上冊的思想路子仍不減其重要性，它卻需要「轉折」(Kehre) 思想來補充。人與存有之最基本的關係正在於「轉折」，亦即「加叉的存有」及其開顯對人的關係❹(11.4)。海氏認為這一關係構成人的本質。本書第十一章剖析〈存有的差遣〉(11.2.5) 時已經說明，使人成為屬己自我的投設本身並非人自己所投設，而是被投擲的原初的「歸屬事件」；屬己時間使人開顯存有，這樣使人歸屬於歸屬事件 (11.2.4)。然而，當人藉屬己時間開顯了真實的自我和他的世界時（存有之真或開顯及歸屬事件），同時也揭示了世間存有者及共同存有著的別人（存有者的揭示）。詩的語言同時召喚了事物（存有者）及人的世界（存有），使二者既分又合在一起 (12.3)。藝術作品也透過事物（存有者）表達出人的世界（存有之真 13.3）。難怪海德格在〈鐘樓的奧秘〉那篇憶舊短文中，竟說「最後一次鐘聲響至存有與存有者區別之山」❺。這裡「存有與存有者的區別」用 "Seyn" 一字來表示，意指存有與存有者之區別的發生過程❻；發生此過程之「山」則非人莫屬。事實上，在歐洲市鎮與小村中，鐘樓的鐘聲的確陪伴人一輩

---

❹ M. Heidegger, "Vorwort," zu W. J. Richardson's *Heidegger: Through Phenomenology to Thought*, The Hague: Martinus Nijhoff, 1974, XIX–XXI.

❺ M. Heidegger, *Zum 80: Geburtstag von seiner Heimatstadt Messkirch*, Frankfurt am Main: Vittorio Klostermann, 1969, S. 10.

❻ M. Heidegger, *Wegmarken*, Frankfurt am Main: Vittorio Klostermann, 1978, S. 198.

子，從人出生開始一直到死亡的一刻為止，不斷喚醒人，讓人在屬己世界與日常事物之間分清界限。我國大陸以前寺廟中的暮鼓晨鐘也會發生同樣的功能。

14.2 亞奎那的存有學區別

海德格最初接觸到的哲學書是布倫達諾著的《亞里斯多德的存有物之多種意義》，和亞奎那思想很接近 (2.2)；讀神學時尤其少不了研究亞奎那。無論如何，他對存有問題的興趣導源於此。然而，方才我們已經見到，他所云的存有者也許勉強還可以跟亞奎那的相比，他所云的存有則和亞奎那的大相逕庭。最大的差別在於基本態度的不同：亞奎那的為人與宗教生活有其沉思的深刻一面，但他的哲學則徹頭徹尾是理性化的，非常擅長於理則學中的區別與推理。用海氏的語言來說，亞氏思想屬於專以正確為事的形上學 (9.2.2)，亞氏的存有與存有者之分，從海德格的觀點看來，都屬於手前或及手存有物的範疇，都是遺忘了存有。

我們卻也不妨聽一聽亞奎那的看法。

亞氏對存有與存有者的區分導源於波哀丟斯。後者一度起了極大雄心，要想把亞里斯多德的著作全部譯為拉丁文。實際上他祇譯了一小部份，因為他在盛年時就坐監，結果被活活打死。波哀丟斯除譯了一些理則學著作以外，寫了一本在中古時期頗負盛名的《哲學之慰藉》一書❼。另外在一篇以〈論若干星期〉(De hebdomadis) 為題的短文中，他提出了存有 (esse) 與存有者 (quod est) 的區別：

---

❼　Henry Chadwick, *Boethius: The Consolations of Music, Logic, Theology, and Philosophy*, Oxford: Clarendon Press, 1983, pp. 223 ff.

「一切存有者都分享本身為存有之物，纔能成為存有者」 (Omne
quod est, participat eo quod est esse ut sit)❽。亞奎那受到波哀丟斯的
短文所啟發，作了進一步的如下發揮。

亞氏在《論存有者與本質》一書中，主張任何存有者均有本質
與存有二種因素，而本質未必包含存有：因為我可以了解什麼是人
或孔雀，卻不知道人或孔雀是否有其存有。「但如有一樣東西祇是存
有，以致它是獨立自存的存有本身，……這樣的東西自身既是存有，
祇可能是獨一無二」 (si sutem ponatur aliqua res quae sit esse tantum,
ita ut ipsum esse sit subsistens, ...non potest esse nisi una)。上文中「獨
立自存的存有」，依照著名學者德輔理 (Josef de Vries) 的註釋，並不
指純粹的實際存在 (die bloße Existenz)❾，因為這樣的實際存在沒有
本質，成為什麼也不是的實際存在，這是毫無意義可言的。「獨立自
存的存有」同時指本質與存在，祇不過它本身有其獨一無二的本質，
而其本質即存有本身，亦即一切完備及實現性，當然包括實際存在。
這裡所云的完備即實現性，因為任何完備的東西必須是實現的，否
則不過是潛能性而已。「獨立自存的存有」意指其本質即具有已實現
的一切完備。後代的學者把完備分成 「混合的」 (perfectiones
mixtae) 與「純粹的」(perfectiones simplices) 二種。前者本身含有缺
陷，如感覺、推理、走路、重量等等，這一類完備必然有其侷限性；
因此「獨立自存的存有」 祇以最高原因資格以超絕方式 (eminenter)
擁有它們，以本來意義而言沒有這些東西。純粹完備則指諸如存有、

❽　S. Thomae Aquinatis, *De Ente et Essentia*, Roma: Typis Pont Universitatis
　　Gregorianae, 1950, p. 44, nota 80.

❾　Josef de Vries, *Grundbegriffe der Scholastik*, Darmstadt: Wissenschaftliche
　　Buchgesellschaft, 1980, S. 74, N. 8.

生命、領悟、愛等等，這些完備本身並無侷限性，因此亦可為「獨立自存的存有」所有：存有本身即指一切完備與實現❿。

到此為止，亞奎那不過祇作了「獨立自存的存有」的一個假定而已，因為他很清楚說：「如果假定有一個本身是存有的東西，以致存有本身獨立自存……，這本身是存有的東西祇可能是獨一無二」(si autem ponatur aliqua res quae sit esse tantum...)⓫。我人的經驗世界卻找不到本身擁有一切完備的存有本身，祇找得到分享完備的存有者。例如我人舉目所見之物與人的完備性均係由分享而得：書是人所寫、所印，房子是人所造，雨來自雲，人由父母所生；用亞奎那的術語來說，這一切與其所從出的始元（原因）之間，都是潛能與實現的關係。潛能性的存有者既藉已實現的存有者始能進入實現階段，那末藉著推理我人必須承認，一切均來自完全是實現之物；而這完全是實現之物亦即「獨立自存的存有」。一切本身非存有的存有者祇能分享存有，亦即並非完全是實現；唯獨本身是存有之物才完全是實現，是純粹的實現⓬。

依據亞氏的論證，獨立自存的存有本身或純粹實現有其絕對必然的理由：祇要我們透過經驗及智性認知發現有一個變化中的東西（例如每個人自己），就必須溯源到使無數次潛能之物得以進入實現境界（變化就是由潛能至實現的過程）的純粹實現。沒有這最高原

❿ 同❾, S. 73, N. 6。

Carolus Boyer, *Cursus Philosophiae*, Vol. II, Bruges: Desclée de Brouwer, 1962, pp. 370–371.

⓫ 同❽, p. 40。

⓬ 同❽, pp. 41–42。

S. Thomae Aquinatis, *Summa Theologiae*, Pars I, Q. II, art. 3, c.; Q. IV, art. 1, c., art. 2, c., Tomus I, Torino: Marietti, 1940, pp. 14–16, 20, 25–27.

因，世間就不能有任何事物產生。反過來，世間如有一樣變化之物，獨立自存的存有本身就必然存在。

誠然，以海德格的觀點看來，亞奎那所云的存有與存有者之分都未脫「手前存有」或「及手存有」的範疇，都屬於範疇思想，遺忘了存有；因為亞氏所云的完備，無論如何都屬於實現性。海德格則把實現性歸於「手前存有方式」的範圍。然而，亞奎那的思想在其固有範圍以內非常周密，這是無可否認的事實。另一方面，「存有學區別」這一名詞既是海德格所首創，那末，用於完全不同的存有觀時，至少也應該分辨一下，以免發生混淆。否則從完全不同的存有觀各說各話，是沒有意義的。

14.3　海氏存有學區別的經驗基礎不足

要確定「存有學區別」這一概念是否有效，必須訴諸這一概念的兩種不同源流。海氏的存有概念來自經驗，而亞氏的存有概念則來自經驗與推理的綜合。

本書第十一章曾指出，海氏心目中的經驗是指「我們遭遇到一樣東西　（以及人或神），它碰到我們，把我們推翻而改變我們」(11.2.2)。遭遇到這樣的經驗以後，我們顯然會沒世難忘。海氏的存有經驗是藉決斷而顯示每個人獨特而真實的自我 (11.2)，這樣的經驗使我們開顯出海闊天空的「世界」，世間存有者及共同此有也會藉存有所開顯的世界而被開顯 (6.2.1, 6.2.2, 5.3.2)。

每一自我藉著面對死亡的勇氣而作屬於自己的獨特抉擇，才會顯示出他自己的真我，並藉此自由自在地開顯出他的世界，這是海氏存有經驗之最深刻的洞見。一個人如果祇跟別人走，或者面臨非

抉擇不可的情況而畏縮不前,或者面臨變故而內心中未作斷然調適,那末他的世界將變成越弄越狹窄。忍痛作了困難的抉擇與調適以後,才會有「柳暗花明又一村」的新境界出現。土拉克爾那首描寫遊子於寒冷的冬夜歸家跨入門檻的詩 (12.3) ,十足表達出作了重要抉擇以後的新境界和新世界。海氏的這一深刻洞見已於前期思想中出現,後期思想中更越來越純淨。

然而海氏的前期思想卻想破壞過去存有學的歷史 (4.1),也就是要批判整個以理性推理為導向的西洋哲學。這一構想與計劃是否失之過泛,且留到以後再說。這裡我祇願意指出,對世間各種事物的認知,均藉每一自我的投設而開顯的說法,從純粹經驗的觀點而言,未免有些囫圇吞棗。

本書第六章已經剖析過,海德格認為人的認知活動並無原初性,而是由開顯之第二重結構——理解所衍生:理解有三種著眼點,即關切事物的實見,關心人的照顧,以及對此有存在本身的澈見,而認知植基於關切的實見 (6.1.3.2)。這一說法無異於視投設活動先於認知。用傳統的詞彙來表達,無異是視意志活動具絕對的優先性。然而海德格卻祇先入為主地作了這樣的肯定,實則投設仍需以某種認知為先決條件。試以海氏一再強調的預趨迎向死亡而言,如果我們不預先知道自己會死,我們又如何把自己的死亡列入投設的範圍呢?

這裡我們不妨聽一聽亞奎那所舉的經驗事實。我要格外強調,我在這裡引用亞奎那完全以他所舉經驗事實為著眼點。他對抉擇由認知與希求二種力量所產生有下列描述:

「要抉擇一方面有認知能力的貢獻,一方面有希求能力的貢獻。從認知方面必須有考慮,由此而判斷清楚,什麼東西應優先於另一

樣東西。從希求方面而言，則必須把經過考慮而判斷清楚的結果，藉希求而被接受」⓭。這實在是不折不扣的經驗描述，不含一絲一毫的理論架構，和荀子對「偽」的描述先後如出一轍：「心慮而能為之動謂之偽」（《荀子・正名篇》）。根據亞奎那的描述，認知與希求活動均可分為感性與智性二種，由視覺嗅覺而發生食慾就是由感性認知產生感性希求的例子，這一類希求一般稱為慾望。理智的考慮與決定則是智性的認知與希求。亞奎那的觀察非常準確：智性的決定也是由智性的認知而來。即使我們相信榮格所云的集體潛意識內容先於每個人的經驗和認知，潛意識內容賴以表達自己的象徵仍取材於感性認知與經驗（如水、影、母親等等）⓮。

關於理智（智性認知能力）與意志（智性希求與抉擇能力）之間的互動關係，亞奎那作如下的描述：

> 我們說一樣東西推動（別的東西）可能有兩種方式：一種是以目的方式，例如我們說目的推動主動因；理智以這一方式推動意志，因為藉理智而知的善是意志的對象，它以目的身份推動意志。另一種推動是以主動者的方式而發生，例如……驅策者推動被驅策者；意志以這一方式推動理智及靈魂的一切力量。⓯

這一段也完全是對經驗的描述。事實上這些經驗也是我們每個

⓭ S. Thomae Aquinatis, *Summa Theologiae*, Pars I, Q. 83, art. 3, c., p. 541.

⓮ Jolan Jacobi, *Die Psychologie von C. G. Jung*, Zürich: Rascher Verlag, 1949, S. 85, 188–190.

⓯ 同⓭, Q. 82, art. 4, c., p. 535。

人所熟知的：智性認知所認定為值得希求的東西，智性希求能力才會要，才會為了它而放棄另一樣東西；這裡智性認知產生了「以目的方式推動」的力量，因為希求一樣東西時，就是以它為目的。反過來，智性希求能力也會驅策智性認知能力去從事它所喜歡的認知活動。這也是另一種方式的推動。理智與意志就是這樣不斷地互相推動著。

然而，亞奎那卻顯然肯定理智的優先性：「意志的一切活動必然有先於它的認知；但並非所有被認知之物必然有先於它的意志活動。」⓰ 這就與海德格的想法針鋒相對，因為他認為認知活動衍生於關切；關切則無疑地屬於希求能力，因為導源於投設。

究竟誰是誰非呢？我們每個人都有智性認知與智性希求活動的經驗。這二種活動的發生過程先於我們有意識的意志活動（海氏所云的「投設」——Entwurf）。因此投設本身是「被投擲」於我們，我們對之無法選擇；海氏指出這點是對的。這以外，海氏認為真正屬於人自己的是他的投設行動，存有藉屬己的投設而開顯；投設行動的發生過程既被投擲於我們，因此海氏所云投設被存有所投擲，不但說得過去 (11.4)，而且是對亞氏看法的很好補充。

然而投設既是屬於我們自己的行動，當然是有意識而經過考慮的。就以海氏所云預趨死亡、脫離「人們」羈絆而言，這樣的投設行動都含有認知與考慮。既然如此，海氏一貫以為認知植基於投設的關切態度 (6.1.3.2)，就不能自圓其說，因為投設與關切已植基於某種智性認知。亞奎那所云「並非所有被認知之物必然有先於它的意志活動」，的確基於非常銳利而準確的觀察。事實上，不僅感性的認知是自發的，不需要意志去命令；開始時的智性認知也是自發的，

⓰　同⓭, Q. 82, art. 4, ad 3, p. 536。

甚至會在睡夢中出現。認知必待投設才會發生的說法顯然不符合事實。

不寧唯是，據海氏所云，此有透過屬己時間性才成為屬己的自我，並藉之開顯出其他存有者。那末，日常生活中以「人們自我」為主時，難道存有者就無法開顯？

亞奎那所云抉擇需要認知與希求能力兩方面的貢獻，以及理智與意志各自以其固有方式互相推動，也遠比海德格一面倒的意志主義 (Voluntarism) 來得周密而接近事實。

14.4　亞奎那存有學區別的理性基礎

亞奎那之區分存有與存有者，上面已說過，他一方面以經驗事實為基礎，另一方面也倚賴理性論證。存有學區別之下的存有者之為事實，這是任何人都能經驗到和了解的事實。上面已曾指出，我人都體會到人自身及其所接觸到的許多東西均有侷限性，均無法藉其自身獲得實現性或存有，也就不能不承認我人與接觸到的東西非存有本身。透過「潛能之物必然由實現之物始能由潛能走向實現」這一原則，我人必須承認最後的第一因即純粹實現，亦即獨立存有自身；因為否則始終需要另一實現之物來促成實現。這樣永遠回溯下去，結果等於否定了第一因及隨之而來的一切事物；後者的實在既係事實，也就非肯定第一因不可。

這一論證本身無懈可擊。最大的哲學難題來自康德從知識論對形上學有效性的詰難。我個人深信，以主客不分的原始直觀為思考出發點，康德的龐大先驗架構將無所用其伎倆。這方面已有許多有價值的專著，可惜均未譯成中文❶。

　　追隨亞奎那的新士林學派卻可以從海德格方面取得不可過份信任理性論證的教訓。事實上，西洋哲學過份信任理性，甚至一度把理性視為最高女神；但結果導致理性本身的被否定，跟著人也就被非人化。對此，海德格思想實在是對症良藥。但我國古人說得好，教學者如扶醉人，扶得東來西又倒。海氏對認知的貶抑，已使當代法國哲學以為人類對真理的追求，祇是歐洲民族性的表現 ❸，簡直使哲學徹底破產，亞奎那本人的態度其實處於中庸之道：他在某一限度之下重視理性，但在實際生活上採取海氏所云決斷與等候的態度，同時也非常重視沉思。亞氏的名句之一是：「沉思，並把沉思所得傳諸別人」(contemplari, et contemplata aliis tradere)。此語我一時找不到出處，卻是天主教哲學界圈子中幾乎盡人皆知的。亞氏臨死前甚至曾說自己過去所講所寫，較之他由沉思所見，均如稻草一般 (videntur mihi paleae respectu eorum, quae vidi) ❹。然而，在某種限度之下，亞氏相信理性也能達到確切真理，上帝以「獨立自存的存有」或純粹實現的方式存在，亞氏確信係人類理性所能認知，因為本身非存有之存有者的存在，要求一個本身是存有的最高原因。亞氏並由這一知識推演出上帝超越於宇宙之上（十七世紀的斯比諾撒就未了解這點），但仍以宇宙最後動力資格內在於宇宙之內，上帝係純粹

❼　Albert Félicé et Antoine de Coninck, *Cours de Métaphysique*, Tome I, Paris: Editions Beatrice-Nauwelaerts, 1971.

　　Gustavo Bontadini, *La funzione metodologica dell'unità dell'esperienza*, M. F. Sciacca, *Filosofi Contemporanei*, Milano: Marzorati, 1946, pp. 159–193.

❽　Vincent Descombes, *Modern French Philosophy*, Cambridge: Cambridge University Press, 1982, p. 137.

❾　John D. Caputo, *Heidegger and Aquinas*, New York: Fordham University Press, 1982.

精神體，及係無限完美種種特性。但面對人生，上述這些知識仍嫌
不足。人仍須以謙虛的心不過份高估理性。海德格則似乎把近代與
現代人之過份高估理性，歸罪於亞里斯多德的「存有物－神－理則
學」思想，並歸罪於中古神學家視神為被創造物之理性秩序的賦與
者❷(9.2.2)。嚴格說來，現代人之過份高估理性，是理性的濫用。
但理性之曾被濫用，卻並不意味著理性一無所能。

---

❷　M. Heidegger, *Einführung in die Metaphysik*, Tübingen: Max Niemeyer, 1966, S. 143–148.

15. 海德格對中國人及現代人的意義

　　海德格本人跟中國人的關係可謂非常薄弱；唯一有案可查的是與蕭思毅教授的持久關係。蕭教授於 1942 年以旁聽資格參與了海氏的討論課。他在義大利聖心大學求學時，早就譯了老子的《道德經》，並經著名哲學家克羅采 (Benedetto Croce) 介紹出版。這時他就送了一冊給海德格。第二次大戰結束後的 1946 年，他們二人偶然遇到。海德格那時正遭受法國佔領軍指控為納粹黨人，難免向他訴苦。蕭教授遂以孟子「苦其心志，勞其筋骨」等語來安慰他。海氏頗為所動，遂提出共同譯《道德經》的要求。從此蕭氏每星期六乘摩托車去多特腦山小屋，當時他以四強之一的國民身份，享有一些特權，他就讓海德格太太分享那時德國很少見的東西，如咖啡、可可、麵條、香腸、奶油、香煙等等。然而翻譯工作進行得未免像蝸牛，一直到 1946 年夏天終止，才譯了八章；以這樣的進度下去，十年以後才能完工。那時蕭氏開始往各地演講，時間不再那麼充裕。更主要的困難則是海氏的譯文往往逾越了《道德經》的本義。基於這種種理由，1947 年夏季以後，蕭教授就不願再譯。

　　另外一件事值得一提：一次蕭教授說中國古人沒有亞里斯多德的理則學時，海氏立刻接下去，認為這正是中國人的幸運 ❶。

　　海德格跟日本人的關係比較密切，他似乎有不少來自日本的入室弟子；〈關於語言的對話〉就是他跟日本人手塚教授的談話。然而

---

❶ Günther Neske (ed.), *Erinnerung an Martin Heidegger*, Pfullingen: Günther Neske, 1967, S. 121, 124–128. 蕭教授此文曾以中文發表於《哲學與文化月刊》，可惜一時找不出是哪一期。

他針對東亞所言，卻涉及整個中國文化所影響的東亞地帶。例如他跟日本人也毫不掩飾地肯定：以概念與理則思考為主的西方語言未必是東亞文化所需 (12.1, 12.2)。

15.1　海德格對「每一自我」的極度重視

一說起海德格，往往有人喜歡從他對理性思考的負面批評來做文章，藉以指出東亞文化的特點。我卻認為海德格對中國及東亞的最大貢獻，是他對「每一自我」（此有）的強調。

西洋哲學這一思想源遠流長，至少可溯源到蘇格拉底對認識自己的要求。這一傳統以後與基督宗教的傳統合併，終於成為西方思想的主流：每個人的獨立位格性遂被視為超過世間其他一切價值的最高價值。有人不察，以為這是十八世紀自由主義的貢獻，是因為對哲學史茫無所知。

15.1.1　西方位格思想傳統

基督徒這一思想經過數世紀的醞釀，終於因第五與第六世紀之交的一位哲學家兼神學家——波哀丟斯而奠定其基：他的五種「神聖小著作」(opuscula sacra) 中，「位格」(persona) 已成為嚴格的哲學術語，其定義為「理性事物之個別實體」(naturae rationabilis individua substantia)。波哀丟斯深知拉丁文 persona 一字原指戲劇中的面具。但他毅然打破希臘哲學傳統而使這個字成為西洋哲學的關鍵概念：natura 一字源自希臘文 φυσις，泛指一切事物；加上形容詞「理性的」以後，就和無理性事物分界，可以指人或人以上的神；這概念的重點則在於指出位格之不能被分享的個別性特徵❷：每一

位格祇是他自己，他的感受、理解、決定都祇屬於他自己。十三世紀的亞奎那更非常重視位格，甚至稱之為自然界整體中最完美之物 ("Persona significat id quod est perfectissimum in tota natura") ❸。文藝復興時代的比各·的拉·彌郎多拉 （Pico della Mirandola，西元1494 年卒）其實是重述中古時代很通行的思想，其著名的〈論人之尊嚴〉演辭特別指出：其他一切都被神意及其規律所限制，人則有自由意志，足以處理自己的極限：他可以自貶身價，過動物般的生活，他也可以重生於更高的神性生活方式 ❹。康德主張人與「任何理性事物」(jedes vernüftige Wesen) 都不可被視為純粹的手段，而應被視為 「目的自身」 (Zweck an sich)，也不過是繼承了基督徒的傳統 ❺。十九世紀的祁克果，則更毫不遲疑地引用聖保祿的「得獎的祇有一人」（格前九，24）一語，堅決肯定「群眾」非真理，祇有單獨的個人在明察秋毫而知道每個人姓名的上帝心目中是有價值的 ❻。

透過上面這些片斷的引用，我國讀者應不難了解，強調個人價值雖在希臘思想中稍稍提及，真正成為西洋思想的主流則是基督宗

---

❷ Henry Chadwick, *Boethins: The Consolations of Music, Logic, Theology, and Philosophy*, Oxford: Clarendon Press, 1983, pp. 192–194.

❸ S. Thomae Aquinatis, *Summa Theologiae*, Pars I, Q. 29, art. 3, c., Tomus I, Torino: Marietti, 1940, p. 207.

❹ Ernst Cassirer (ed.), *The Renaissance Philosophy of Man*, Chicago: The University of Chicago Press, 1948, p. 225.

❺ Immanuel Kant, *Kritik der praktischen Vernunft*, Stuttgart: Philipp Reklam, Jun., 1961, S. 209.

❻ 祁克果，《祁克果的人生哲學》，香港：基督教輔僑出版社，1963，頁 48–49。

教之力。

15.1.2　海德格的此有與屬己性

　　海德格在《存有與時間》中一開始就用「此有」(Dasein) 一詞表示每一自我，這一想法得力於聖保祿、祁克果及雅士培 (2.3)。海氏不喜歡位格 (Person) 一詞，因為位格一般被視為「行為的實現者」(Aktvollzieher)，後者像其他受造物一般，僅有其「手前存有」(Vorhandensein)❼(6.2.2)。海氏則一貫認為此有僅能以存在性徵去了解 (5.2)。然而，拋去「手前存有」的顧慮不論，「位格」一詞所代表的每一自我的屬己性卻與「此有」相同。此有或每個人之歸屬於真實之「屬己事件」 (der Mensch dem Ereignis der Wahrheit vereignet)，海氏目之為顯示真的挖掘過程，足以使人見到並回到「人之本質的最高尊嚴」❽。這一想法也頗接近亞奎那稱位格為大自然中最完美之物。

　　至於海氏的「此有」概念一貫排斥與任何「手前或及手存有」相混，我對此已曾提出質疑。因為此有如果僅「寓」於投設與決斷行為，那不但是一瞬即過，而且本身無從立足。試以投設與關念的時間性而言：投設一定有其「到向」及其「已是」二度 (8.1)；「到向」時不能不想到所投設的事尚未實現，而回想到「已是」情況，也不能不想到「已是」的一切已不在眼前，卻仍是我自己的一部份。這就預設了此有於投設行為中已不能自限於決斷的一剎那，而不能不「伸展」至過去與未來，否則投設與決斷行為本身已無法理解。

---

❼　M. Heidegger, *Sein und Zeit*, Tübingen: Max Niemeyer, 1957, S. 48–49.

❽　M. Heidegger, *Vorträge und Aufsätze*, Teil I, Pfullingen: Günther Neske, 1967, S. 32.

因此我很同意齊魏特先生的見解，主張位格性的概念無可替代❾，
而海氏一方面排斥這一概念，實際上又讓它以上述「走私」方式進
入他的世界 (8.4)。

15.1.3　個人尊嚴與中國之未來

　　自從孔子開始，中國人就一直習於仁義二字。「仁者愛人」（《孟
子‧離婁下》28），「義者循理」（《荀子‧議兵篇》第十五 18）。在
仁、義的大前提之下，個人有不可侵犯的尊嚴，應該是不言而喻。
何況〈大學〉一開始就強調修身、齊家、治國、平天下；所謂「修
身」就是每個人對自己的修養工夫。注重每個人對自己的修養工夫，
這可以說是儒道二家的共通點。莊子所云的「坐忘」（《莊子‧大宗
師》第六 9），就是與儒家不同的另一類型修養工夫。孟子的「親親
而仁民」雖在親人與一般老百姓之間作「親」與「仁」之分，卻在
民與物之間，劃了鴻溝（《孟子‧盡心上》45）。張載的〈西銘〉指
稱「凡天下疲癃殘疾惸獨鰥寡皆吾兄弟之顛連而無告者也」❿，可
以說是最接近每個人尊嚴的宣佈。

　　毫無疑問，儒家及於眾人的仁心和放諸四海而準的「義」，都足
以發展成為對每一個人的尊重。事實上，荀子就曾說過：「行一不
義，殺一無罪，而得天下，仁者不為也」（《荀子‧王霸篇》第十一
5）。然而，所有這些考慮都著眼於從政者及「君子」、「真人」的修
養，而沒有使每個人的尊嚴成為顯性題材。也許佛教走得更遠，承
認眾生均有佛性；但因這一觀點之下人與動物被視為平等，無形中

　Gustav Siewerth, *Das Schicksal der Metaphysik von Thomas zu Heidegger*,
　　Einsiedeln: Johannes Verlag, 1959, S. 48.
❿　周敦頤、張載，《周張全書》，京都：中文出版社，1981，頁 73。

個人尊嚴也無法突顯出來。我們可以說，中國數千年文化非常靠近個人尊嚴的肯定，卻沒有明顯地加以肯定。

其實，像希臘那樣發展出城邦民主制度的國家，卻也從未考慮到人本身有無上尊嚴，甚至認為奴隸制度並無不當。我國儒、道二家均未把人之尊嚴顯題化，因此不足為奇。不寧唯是，中國婦女約歷一千年的纏足陋習就足以證明，婦女在古代中國幾乎被視為男人的附屬品。但我人也應記取：基督宗教雖嚴肅地宣佈了每個人都是兄弟姐妹，耶穌曾說凡施給最小弟兄的小惠他都視同身受，因為每個人都是上帝的子女和他的兄弟姐妹，但中古時代的社會、經濟地位上的過份懸殊，往往使人之尊嚴成為不切實際，而一些冒用上帝名義所犯的違反人性尊嚴的罪孽更使人不敢恭維。十八世紀啟蒙時代以後，本來屬於基督徒理想的自由、平等、博愛，卻透過反宗教的啟蒙思想而流傳於整個世界，本世紀初也成為中國的理想。但啟蒙時代甫過，黑格爾又倡言「世界歷史」就是「精神」發展和實現的過程，而「精神」和「理性」本身就是上帝；單獨的個人實際上完全被「精神」或「理性」所統攝，甚至在歷史中發生關鍵性影響的「世界歷史個人」（如亞歷山大、凱撒與拿破崙等）也是「世界精神」的玩物。黑格爾又以為國家的全體意志才是「理性」發展的最後目的，而不是個人自身 ❶。這一思想經過徹底轉化後為馬克思所接受，他竟說人完全是「社會關係的總和」 (Ensemble der gesellschaftlichen Verhältnisse) ❷。儘管馬克思反對人遠離自性（疏

---

❶ 黑格爾，《歷史哲學》，北京：三聯書店，1958，頁 62–70，77–79，503。

❷ 馬克思，《關於費爾巴哈的提綱》，《馬克思選集》第一卷，北京：人民出版社，1972，頁 18。

項退結，《人之哲學》，臺北：中央文物供應社，民國七十一年，頁 225–

離或異化），但因他對人本身的看法一開始就與人的本性疏離，難怪以馬克思主義為領導思想的所有政權實際上都不尊重個人，而一味憧憬於烏托邦式的「人類」之美好遠景。

上面我們之所以離題去講西方世界，是因為西方世界的這些演變從本世紀開始直接影響到我國。馬克思主義從 1949 年以來統制了整個中國大陸，更是現代中國人不能不面對的事實。自從「四人幫」被推翻以後，往往有人把文化大革命及 1949 年以來的種種罪行都歸諸「四人幫」或毛澤東個人。其實，真正的罪魁禍首是祇講社會關係而不知尊重每一個人的馬克思主義。試問社會豈非由個人集合而成？個人本身如果沒有價值，社會整體也就失去了意義。是的，個人必須整合於社會：因為社會性是個人實現自己的必經之途，人性與社會性本來就不可分（孟子所云「仁也者人也」）。必要時，個人必須犧牲自己，甚至犧牲生命來保衛社會，但這時他正以最完美方式完成了自己的人性，完成了「位格」的最高境界。

中國大陸經過了文化大革命的大動亂以後，年輕的一代似乎已對一切失去信心，一部份甚至反對知識分子的使命感❸。他們心靈中的唯一歸宿就祇留下他們一己的生命，變成了徹底的個人主義者。也許由於這一趨勢，中國大陸也開始熱烈討論人的價值❹。臺灣地區個人意識的覺醒則遠在二十年以前❺。

228。

❸ 金觀濤，〈中國知識分子的使命感〉，《中國論壇》半月刊第 295 期，民國七十七年一月十日，頁 33。

❹ 伴云（整理），〈中國哲學史上關於人的價值觀問題——本刊第七次夏季學術討論會綜述〉，《中國哲學史研究季刊》，1987 年 1 月，頁 3-7。

❺ 項退結，《現代存在思想研究》，臺北：現代學苑月刊社，民國五十九年，頁 11。

面對這一情況，海德格哲學之強調「每一自我」（此有）之屬己性與真實性，應該是一副對症良藥。海氏雖強調「每一自我」實現其屬己性，卻並不主張個人主義：因為「每一自我」因存在投設所開顯的世界，必然是和別人分享的「共同世界」(5.3.2)。海氏之反對一味走「人們自我」的路，也並不是要離群索居，而是要每個人以屬己自我的資格跟別的「共同此有」作真誠的交往。海德格思想雖然很難消化，難免令人覺得格格不入。但在這過份群眾化的時代，他的思想卻仍不失其時代意義，這是我寫這本書足以告慰的一點。

15.2　理性思考與沉思

要如我們把黑格爾的正反合辯證公式套入海氏思想的演變過程，我們會發覺他出身於源自蘇格拉底、柏拉圖、亞里斯多德的理性思考傳統，卻逐漸演變到理性思考的反面——沉思型的思考。他曾受過銳利的思辯訓練，因此前期作品非常有系統，容易使人以為他是繼萊普尼茲、康德、黑格爾、胡塞爾等的系統思想家。然而這一印象未免誤導，實際上海氏是借著這一類型思考方式（以後他統稱為形上學思想方式）來超越理性思考，或者如他所云，克服形上學思想。後期所云「不提存有者的存有」更容易令人誤解，以為他重新回到類似黑格爾的一種形上學，即視「存有」為某種獨立事物(ein für sich stehendes...Gegenüber)❶海氏於適才引用的這段話中絕口否定這一類想法。從《存有與時間》開始，一直到後期的〈時間與存有〉，海氏的「存有」始終跟人不能脫離關係。而他心目中的人

---

❶ M. Heidegger, *Wegmarken*, Frankfurt am Main: Vittorio Klostermann, 1978, S. 405.

並非人類，而是每一個別的、屬於每個人自己的自我。如何使人成
為屬於自己的真實自我，這才是他一生哲學思考的中心問題，而不
是建立任何思想系統。本書第十一章已經指出，每個人應成為屬於
自己的真實自我，這已不僅是《存有與時間》(1927) 的主要題材，
〈時間與存有〉(1962) 還是念茲在茲，祇不過改用了「歸屬事件」
(Ereignis) 的新名詞而已 (11.2.4)。

　　海德格自從 1927 年開始一直以自我開顯的「存有」問題為其思
想中心，因此我完全信得過他替理查孫的書所寫的序言。這裡他清
楚指出，轉折思想之所以產生，正是因為他始終留守在《存有與時
間》 中應想的事物 (Das Denken der Kehre ergibt sich daraus, daß ich
bei der zu denkenden Sache "Sein und Zeit" geblieben bin)。他也明顯
說出，轉折固然是他思想的一個轉機，但並非改變了《存有與時間》
的觀點，而是進一步發揮了此書原來就有的觀點❼。是的，方才我
也說過，前期思想比較有系統；海氏卻並非志在系統思想，而是姑
且用系統思想和理則思考的語言來說明，這以上還有另一種「本質
思想」。 後期的海德格索性直截了當地說系統和理則思想根本祇是
「計算思想」，而不是「思想」；哲學到達終點以後，留下的是沉思
型的「思想」(11.3)。

　　大約是因為《存有與時間》所給人的系統性假象，一篇對海德
格與道元禪師時間觀作比較研究的論文就誤認海氏思想係排除個人
經驗的純理論❽。道元禪師 (1200–1253) 是日本曹洞宗的開山祖師，

❼ M. Heidegger, "Vorwort," zu W. J. Richardson's *Heidegger: Through
　Phenomenology to Thought*, The Hague: Martinus Nijhoff, 1974, XVII.

❽ Steven Heine, *Existential and Ontological Dimensions of Time in Heidegger
　and Dōgen*, Albany: State University of New York Press, 1985, pp. 12–13.

於南宋時在寧波附近天童寺，拜該寺住持如淨和尚 (1163–1228) 為師；著有〈佛性篇〉與〈有時篇〉，主張「即心是佛」，並說「所謂有時者，時已是有也，有皆是時也」；意思是說佛性（有）藉「時節」（一日的十二時，一年的春夏秋冬等等）而「現前」，亦即用「有」「時」二字表達出禪宗的「日日是好日」或「平常心是道」的真諦❶。依據傅偉勳教授，道元禪師「有即時、時即有」的說法，一方面植基於他自己解脫了生死及個體生命的禪悟體驗，另一方面也植基於「一切眾生悉有佛性」的佛教形上學思想；這樣的佛性沒有所謂過去與未來，而是永恆的現在❷。道元禪師的禪悟體驗誠然可與海德格的「存有經驗」相比 (11.2)，但佛教形上學的「永恆佛性」就與海氏思想毫不相涉：海氏會視之為日常時間的「現在的持續」，不是他所說的「屬己時間性」(8.1, 8.2)。以海氏的觀點視之，道元禪師始終還脫離不了形上學的思考方式，完全擺脫這套思想而隨時醒悟體現「日日是好日」的卻是慧能 (638–713)。

秦家懿教授把海德格的「屬己自我」與王陽明的「致良知」和「立誠」、「立心」相比，可以說完全站在經驗觀點立論，而且說中了二人心底要解決的問題❸。王陽明卻也多多少少接受了道家與佛學「萬物一體」的形上學❹，就如同道元禪師接受「一切眾生悉有佛性」的形上學一般。不消說，「萬物一體」的形上見地就跟海德格

❶ 傅偉勳，〈如淨和尚與道元禪師——從中國禪到日光禪〉，東吳大學哲學系《傳習錄》第三期，民國七十三年十月，頁 13，29–31。

❷ 同❶，頁 24，26，32。

❸ Julia Ching, "'Authentic Selfhood': Wang Yang-ming and Heidegger," *The Monist*, 1980, pp. 13–17.

❹ 秦家懿，《王陽明》，臺北：東大圖書公司，民國七十六年，頁 130。

思想不相干。一如本節開始時所指出，海氏越來越走向沉思型思想。

　　海德格所云的沉思 (Besinnung) 卻絕非空想，則是要把我們帶到我們的住所❷。在〈建、住、思〉一文中海氏指出，真的「住」就是會死的人能夠不損其本性地開顯出天、地、人、神四者構成的世界，也就是顯示存有。建造與思想均從屬於人所顯示的存有，而讓四者各得其所❷。真應想的思想就是帶我們到開顯存有住所的沉思。顯然，這樣的「本質思想」或沉思是和決斷行動分不開的：思想就是行動的前奏。

　　海德格說思想就像游泳一般：我人不能藉一篇討論游泳的文章而學會游泳，必須跳入流水中；要思想也必須投身到發動思想的因素中；我們今天卻生活在一個無法思想的局面中，因為應該思想的因素本身已抽身離開我們❷。這些話的意思是：在科技所籠罩的現時代中，屬於每一自我的固有世界已被排除在意識之外。因此海氏說必須等候應該思想的東西轉身對我們說話 (warten, bis das zu-Denkende sich uns zuspricht)。但等候並不表示延遲去思想，而是積極地在已經想過的思想中去找那尚未想過的東西：所謂等候已經走在思想的路上，本身已是一種行動。下一步則是調適我們自己去順應那應該思想的東西❷。

　　海德格以為沉思型思考早已始於先蘇期的希臘。中國人和整個東亞文化圈人士則會感覺到，他的思想頗接近東亞傳統，尤其接近

---

❷　同❽, S. 61。

❷　M. Heidegger, *Vorträge und Aufsätze*, Teil II, Pfullingen: Günther Neske, 1967, S. 23, 34–36.

❷　同❷, S. 13。

❷　同❷, S. 13–14。

老子所云「無為而無不為」的態度 ❷。海德格在討論《超脫》一書中，說思想必須超脫至「漫無邊際的遼闊」(Gelassenheit zur Gegnet=die freie Weite) 之中，這一超脫卻同時是對正發生中之真實的決斷 (Entschlossenheit zur wesenden Wahrheit) ❷；充分表示出他所云的思想是行動的前奏，和每個人屬己的決斷無法分離。這樣的行動卻非常接近老子所云的「無為而無不為」；海德格則稱之為「等候、開放」(warten, offen) 與「無意願」(das Nicht Wollen) ❷。中國的氣功最足以說明「無為而無不為」的超脫態度：必須放棄意識的動作，採取等候的被動態度，才能讓「氣」在你身上發生作用；但這樣的等候，本身也是一種「為」，可以說是無為之為。海德格把屬己的決斷與超脫相提並論，大約是為了指出，決斷時必然放棄功利與吉凶的顧慮，超脫地等候下一個決斷的時機。

15.3　東亞文化圈與理則思考

然而，以中國為主的東亞文化圈目下早已徹頭徹尾受到西方的理則思考所影響。這所謂理則思考是指應用系統方法面對實在界的思考方式，包括以推理為主的哲學、數學及兼用實驗的科學。從日本開始，中國、韓國及越南目下都已認清，接受理則與系統思考是生死存亡所繫。目下日本早已成為經濟及科技大國，東亞四小龍跟著崛起。儘管這整個地區都有儒、釋、道三教的傳統背景，但接受理則方法的系統思考實係成功的最重要因素。這一因素加上固有的勤勞與其他文化因素，這整個地區才會有今日的發展。

---

❷　《道德經》，第 37 及 48 章。

❷　M. Heidegger, *Gelassenheit*, Pfullingen: Günther Neske, 1959, S. 59, 39.

❷　同❷, S. 33, 42, 57。

　　海氏對這一情形並非茫無所知。他跟日本人手塚教授對話時稱這一過程為「地球與人類的全部歐化」。海氏認為這是十八世紀末期視理性為女神的後果，勢將把一切本質之物耗損殆盡❸。海氏的憂慮絕非無的放矢。事實上，馬克思主義就是視理性為女神的產物之一。這一思想於本世紀二十年代進入中國，並於 1949 年控制整個中國大陸以後，曾企圖徹底以理性計劃改造人性，結果形成了中國大陸史無前例的大慘劇大混亂和落後。中國大陸以外的中國人雖未陷入這樣的極端，過份迷信理性與科學萬能的想法，也已經造成文化與道德生活的危機。

　　然而海氏一味指責理則思考的缺失，卻也難免與人以片面印象。實則理則思考與科技發展不僅係東亞及第三世界生死存亡所繫，而且也是存有開顯的先決條件。讓我一起發揮這兩點。中國歷史上週期性出現饑荒與動亂。這樣的痛苦非藉有計劃的思考與行動無法減輕；今日的第三世界亦然。在生活條件低於人應有的水準時（例如像今日的衣索比亞需要跋涉數十公里纔能找到食物），人的尊嚴幾乎已成為廢話。在這種饑餓或半饑餓狀態侈言屬己自我存有的開顯，豈非緣木求魚？

　　不寧唯是，要使每個人的屬己自我獲得開顯，我人也需要某種最低限度的智性認知，而這類認知未必需要海氏所云的「投設」活動 (14.3)。不斷的投設與自我超越，則更需要理性的認知。經驗告訴我們，長期缺乏理性認知的結果會使人囿於主觀想法而以一己的自我為中心。即使是貿然的決斷，往往也基於某種理則性的不正確推理（例如海德格於 1933 年就任校長職以前匆促決定加入納粹黨，

❸　M. Heidegger, *Unterwegs zur Sprache*, Pfullingen: Günther Neske, 1959, S. 103–104.

也是基於相當複雜的推理）(3.2)。要使心靈活動得以正常發展，我人更需要正確認知，其中某些知識往往需要理則性推理始能得到。囫圇吞棗地說東亞人未必需要及未必應該吸收歐洲人所發展的概念，似乎有些脫離現實❸。因為科學概念（例如地心引力）或哲學概念（例如位格尊嚴）之所以具強迫人接受的特性，是由於它們的普遍有效性；它們之首先為歐洲人所發展出來，祗是一項偶發事件。任何地帶的人發展出它們都是一樣。

儘管海德格一味指責理則思考未免令人感到偏頗，他所提出的問題卻對我們時代極其重要。其實，他所指責的是一味以手前存有物為念而遺忘了每一自我（此有）的獨特存有。他的對策是：透過心境、理解、言說而開顯了此有的屬己存有時，也讓及手與手前存有物以及他人的共同此有開顯出來；換句話說，就是讓不同類型的存有者整合於存有。這也正是他透過土拉克爾〈一個冬天的晚上〉(12.3) 以及霍德林的詩句（充滿勞苦功績的人，卻藉著詩住在地上）(12.4) 所要表達的。霍德林的這首詩尤其顯示出海氏的意境：人的「勞苦功績」都是針對及手之物（存有者）的製作與建造活動。這些活動本身雖有「功績」，人卻藉詩的語言開顯出自己的固有世界而安居於其內。詩其實也就是沉思的語言。

以這一角度來看海德格思想，我們就會發現，海德格對理則思考的批判。絕不站在康德的知識論層面上，他絕不是指責遺忘存有的思想不準確或站不住腳。事實俱在，這一類型思想由於準確非凡，已把人類送上月球。可見理則思考的有效性毫無疑問。不僅如此，理則思考所創造的科技世界對我們已成為不可或缺，海氏也曾清楚承認這點❸。恰恰相反，他所批判的是這一類思考太有效而使我們

---

❸　同❸，S. 86–87。

遺忘其他一切；但他仍希望有一天俄國或中國非常古老的「思想」（沉思）傳統會覺醒過來，讓我們對科技世界能夠採取超脫而自由的關係 ❸❸。他既沒有說科技思想無效，當然也不可能認為亞里斯多德與亞奎那等所發展的「存有者－神－理則」的形上學思想無效。他一再勸基督宗教界人士要正視聖保祿的話，把「這世界的智慧」視為「愚妄」（格前三 19）❸❹，這跟上帝存在的論證在知識論上是否站得住腳的問題無關。海氏反對「形上學」的理由完全不同，是因為這些思想雖然說了「正確的東西」，卻無法爭取到「存有之真」。循著「存有者－理則」走向「神－理則」的思考，大不了祇把神當作「自為原因」的最高原因；人無法在這樣的「上帝」面前屈膝奉獻犧牲，也不會在祂面前奏樂跳舞。撇開「存有者－神－理則」的思考方式以後，人才會更接近「更具神性的上帝」(dem göttlichen Gott)❸❺。這也就是說，無論怎樣去證明上帝的存在，宗教信仰卻並非理則論證所能產生，而終需藉每個人最屬於他自己的決斷；這時人所接觸到的便不是冷冰冰的「最高原因」，而是超越人理則思考能力以上之「更具神性的上帝」。

　　既然如此，我們就會明瞭，海德格之所以勸日本人與東亞人不要一味吸收歐洲人所發展的概念，其深意在於以中國古老的思想傳

---

❸❷　同❸❽, S. 22。

❸❸　Thomas Sheehan (ed.), *Heidegger: The Man and the Thinker*, Chicago: Precedent Publishing, Inc., 1981, pp. 56, 61.

❸❹　M. Heidegger, *Was ist Metaphysik?*, Frankfurt am Main: Vittorio Klostermann, 1969, S. 20.

❸❺　同❸❹, S. 21。
　　M. Heidegger, *Identität und Differenz*, Pfullingen: Günther Neske, 1957, S. 62–65.

統去整合歐洲人的「反映」思想或理則思考。這一基本態度其實很接近孔子「文質彬彬」成己成人的理想。孔子一再強調的「為學」是以「致其道」為目的（《論語‧子張》第十九 7），而「愛人」則是「致其道」或「學道」的具體表現（《論語‧陽貨》第十七 4）。這樣的「為學」顯然有賴於人的屬己抉擇，他必須以全力去實行仁的理想：「弟子入則孝，出則悌，謹而信，汎愛眾，而親仁」（《論語‧學而》第一 6）。用海德格的語言來說，這樣的決斷如果能把一己的死亡放在前面，就會使人的屬己存有開顯出來。僅於實行仁的情況之下，孔子才主張人同時也可以學禮、樂、射、御、書、數各科；他以「文」字代表各科，接著上文說：「行有餘力，則以學文」（《論語‧學而》第一 6）。孔子所云的「為學」與「質」都是代表人的基本抉擇與「存有之開顯」，「文」則代表對個別「存有者」的關切。

上面的分析如果沒有錯的話，那末海氏之一再批評理則思考而主張一種記憶存有的思想，基本上就與榮格 (Carl Gustav Jung, 1875–1961) 的想法相似。如所周知，榮格是一位國際知名的心理分析家，透過他的聯想測驗，他建立了二十年代以來早已被普遍接受的內向與外向兩種心理典型；並把心理活動分成思考、感覺、感受、直觀四種。他又認為西方文化是感覺與思想二者匯合一起的發展結果，中國文化則向感受與直觀二方面發展。值得注意的是：榮格所云的「思想」是指海德格所云的理則思考，他認為理則性思考加上對外在感覺的倚賴，結果形成源自西方的重推理重實證的現代文化。但感覺與思想二種心理活動過份發展的結果，導致感受與直觀的退化或隱入潛意識，這就造成西方心靈的極度不平衡，而東方與中國文化正好能補西方文化的不足，使之趨於平衡❸❻。我個人則始終主

張，中國文化能糾正西方文化的片面性，西方文化也能夠糾正中國文化的片面性。但我國目下的情形則已經有些矯枉過正。過份高估了西方文化中的理則思考：一如海德格所云，理則思考一味追求權力，妄想使人成為「超人」，結果所謂「超人」實際上低人一等，因為獸性以理性名義控制了他（本書第十三章）。

15.4 　海德格與命運

每個人自己的命運本來是人人關心的問題，古代中國人和希臘人對此並無二致。現代中國人在命運問題上似乎頗能從海德格獲得一些啟發。

海德格也喜歡用命運 (Schicksal, Geschick) 一字，但所指意義與一般意義不同。海氏所云的「被投擲性」則比較更接近一般意義的命運。所謂「被投擲性」(Geworfenheit) 是指每個人透過自己的心境所直接體會到的一個基本事實，那就是他的何自來、何所去以及一切實際情況（例如是男是女、是俊是醜、遭遇到的天氣是好是壞等等）都不繫於他自己 ❸⓻。究竟來自何處？是來自偶然，來自必然的大自然規律，或最後來自上帝，海氏在《存有與時間》中絕口不提這些，因為他祇願描述心境所呈現的現象。海氏在這裡非常忠於現象學的「存而不論」：他祇舉出心境所顯示的被投擲性現象，並指出這一現象包含「是如此而且不得不然」的無可奈何 ❸⓼。中國人在此情形中，往往會說這是自己的好命或苦命。

❸⓺　項退結，《邁向未來的哲學思考》，臺北：東大圖書公司，民國七十七年，頁 207–213，219–224。

❸⓻　同❼, S. 135 二。

❸⓼　同❸⓻。

海氏所云的命運卻是指我人對被投擲性所採取的斷然態度，因此屬於人的「存在性徵」。我們可能被動地受被投擲性擺佈，也可能主動地接受被投擲的已是情況，並接受固有的存在性，而把自己會死的有限性投設在眼前，讓自己到向一個完全屬於他自己的抉擇，從而採取斷然行動。僅於後者情形中，海德格才稱之為命運。接受被投擲性而採取斷然抉擇及行動的命運可能祇屬於個人，也可能是屬於一個團體（例如國家）的共同命運 (8.3.3)。總之，海氏所云的命運，是人面對非由自主的現實情況主動採取立場，與流俗所云的命運完全不同。

不消說，接受自己的被投擲性，並不表示應該採宿命論的態度，放棄改進現狀或未來的可能性。海氏主張，任何對未來的投設都必須接受固有事實。不僅如此，人之必須替自己投設而作屬於他自己的抉擇，這件事本身不由我們自主，而是投擲事件之一。接受了這些被投擲性以後，我就應作最屬於我自己的大無畏決斷而顯示屬己自主，不再計較成敗利鈍、幸福與痛苦、以及世俗的其他顧慮，甚至「沉浸在無慰藉的情況之中」 ❸❾。我國古人也不乏這樣的境界，例如「士見危致命」（《論語‧子張》第十九 1），「君子之仕也，行其義也。道之不行，已知之矣」（《論語‧微子》第十八 7）。這樣的例子幾乎俯拾皆是。我們卻必須承認，即使在孔子時代，也並非人人有此境界。目下流行的往往是兩個極端，一種以為一切都可藉自己的努力去達到（毛澤東甚至以為可憑他的意願改變人性！）；另一種太消極，心不甘情不願地聽天由命，甚至把有先天病患的親生骨肉視為替前世宿冤討債。儘管如此，能夠勇敢地接受一切被投擲的現實條件，而積極地作屬於他自己應作的決斷的人卻也並非沒有。

❸❾　同❷❽, S. 35。

　　海德格的這一命運觀非常平實，既不逃避至算命與企圖預卜未來的僥倖心態，也不像沙特那樣把投設時的自由視為人行為的最高標準❹。

15.5　海德格思想的侷限性

　　我們指稱海氏思想有其侷限性，我相信他本人會率先承認，因為他曾一再強調人的有限性❹。

　　第一，海德格曾一再宣稱，他無意討論以正確為目的之「形上學」，而以「存有之真」為他思想目標 (10.2, 11.2.4)。細細觀察海氏由前期進入後期思想的軌跡，海氏思想以「存有之真」為特色的事實也越來越明朗化。既然如此，我們也就不必在這一範圍以外苛求於海德格。

　　第二，儘管如此，《存有與時間》最後一節 (§83) 的幾句話卻令人相信，海氏似乎曾把自己的哲學思考方式視為哲學問題的開始與終局：「哲學是以現象學為主的普遍存有學，後者以此有的詮釋為起點，而此有的詮釋以存在分析的身份奠定了一切哲學問題理路的終局：一切哲學問題以此為出發點，最後又回到這裡。」❹這不是過份擴張了他自己的思考範圍嗎？仔細研讀海氏的前後期著作，我們會發覺，海氏的確相信，從《存有與時間》至〈時間與存有〉的基本思想足以替追求正確思考的「形上學」打基礎❹；以追求正確為

❹　項退結，《現代存在思想家》，臺北：東大圖書公司，民國七十五年，頁155–156，169。

❹　同❸, S. 38。

❹　同❷, p. 436 二。

❹　同❸, S. 8–9。

事的「形上學」卻正可涵蓋百分之九十以上的西洋哲學思想和近代科技。以這一意義而言，海氏以「此有的詮釋」為一切哲學問題的起點與終局是站得住腳的。所謂「此有的詮譯」，實即每一自我開展、實現自己的具體化 (6.1.3.2.1)。人的無論哪一種思想最後都始於每一自我實現自己時所經歷的困惑與需要解決的問題，這簡直是一項老生常談。

第三，海氏在其最有系統的《存有與時間》一書中，卻不僅限於以「此有的詮釋」為起點與終點，而似乎想要由此推衍出哲學中的其他問題，例如空間性❹、及手與手前之物、世界時間、共同存有等等 (6.2.2, 8.2.3, 5.3.2)。海氏於〈時間與存有〉一文中已公開承認，藉時間性推衍出此有的空間性之嘗試無法立足❺。本書第十四章也曾指出，把一切認知活動都從屬於「投設」活動之下，這一說並不符合事實 (14.3)；第八章的尾聲 (8.4) 及本章開始 (15.1) 也曾批評海氏始終不承認「此有」為具某種持久性的獨立自我主體，這樣的「此有」又如何連繫「已是」的過去情況及「到向」的未發生情況呢？

第四，海德格在方才所云的這些推衍中雖然做了許多描述，無形中也離不開推理工夫。用海德格的術語來說，這部份尚未超脫形上學，因此本來就是他一時的折衷方案。海氏的後期思想才可以說是爐火純青，表現了他的真意。

---

❹ 同❼, §70, S. 367–372。

❺ M. Heidegger, *Zur Sache des Denkens*, Tübingen: Max Niemeyer, 1969, S. 24.

參考書目

一、海德格著作

　　這裡所列僅以本書已徵引者為限，並不完整，其中若干小冊可能已收在專集中。比較完整之書目可參考 Richardson （理查孫） 及關子尹 (Tze-wan Kwan) 的著作。理查孫在著作中未提全集，因為當時尚未問世；其所列書目至 1972 年為止。關子尹著作中的書目則列至 1976 年：

Kant und das Problem der Metaphysik, Frankfurt am Main: Vittorio Klostermann, 1951.

Was heißt Denken?, Tübingen: Max Niemeyer, 1954.

Sein und Zeit, Tübingen: Max Niemeyer, 1957.

Identität und Differenz, Pfullingen: Günther Neske, 1957.

Gelassenheit, Pfullingen: Günther Neske, 1959.

Was ist das-die Philosophie?, Pfullingen: Günther Neske, 1963.

Holzwege, Frankfurt am Main: Vittorio Klostermann, 1963.

Unterwegs zur Sprache, Pfullingen: Günther Neske, 1965.

Einführung in die Metaphysik, Tübingen: Max Niemeyer, 1966.

Vorträge und Aufsätze, Teil I, II, III, Pfullingen: Günther Neske, 1967.

Zum 80: Geburtstag von seiner Heimatstadt Messkirch, Frankfurt am Main: Vittorio Klostermann, 1969.

Zur Sache des Denkens, Tübingen: Max Niemeyer, 1969.

Was ist Metaphysik?, Frankfurt am Main: Vittorio Klostermann, 1969.

The Essence of Reasons (Vom Wesen des Grundes), Translated by Terrence Malick, Evanston: Northwestern University Press, 1969.

Poetry, Language, Thought (Translated by Albert Hofstadter), New York: Harper & Row, 1975.

Logik: Die Frage nach der Wahrheit, Frankfurt am Main: Vittorio Klostermann,

1976.

Wegmarken, Frankfurt am Main: Vittorio Klostermann, 1978.

Grundbegriffe, Gesamtausgabe, Band 51, Frankfurt am Main: Vittorio Klostermann, 1981.

The Basic Problems of Phenomenology (Translation, Introduction, and Lexicon by Albert Hofstadter), Bloomington: Indiana University Press, 1982.

Aus Erfahrung des Denkens, 1910–1976, Frankfurt am Main: Vittorio Klostermann, 1983.

二、關於海德格的著作

Bakan, Mildred, "Arendt and Heidegger: The Episodic Intertwining of Life and Work," *Philosophy and Social Criticism*, Vol. 12, Spring, 1987, pp. 71–98.

Ballard, Edward G. and Charles E. Scott (ed.), *Martin Heidegger: In Europe and America*, The Hague: Martinus Nijhoff, 1973.

Beaufret, Jean, *Dialogue avec Heidegger*, Paris: Editions de Minuit, 1985.

Bollnow, Otto Friedrich, "The Objectivity of the Humanities and the Essence of Truth," *Philosophy Today*, Spring, 1974, pp. 3–18.

Caputo, John D., *Heidegger and Aquinas*, New York: Fordham University Press, 1982.

Ching, Julia, "'Authentic Selfhood': Wang Yang-ming and Heidegger," *The Monist*, 1980.

Finazzo, Giancarlo, *L'uomo e il mondo nella filosofia di M. Heidegger*, Roma: Editrice Studium, 1963.

傅 (Fu) 偉勳，〈如淨和尚與道元禪師──從中國禪到日光禪〉，東吳大學哲學系《傳習錄》第三期，民國七十三年十月，頁 13–34。

Gadamer, Hans-Georg, *Truth and Method*, London: Sheed & Ward, 1975.

Heine, Steven, *Existential and Ontological Dimensions of Time in Heidegger and Dōgen*, Albany: State University of New York Press, 1985.

Jaspers, Karl, *Philosophische Autobiographie*, München: R. Piper Verlag, 1977.

Kwan, Tze-wan, *Die hermeneutische Phänomenologie und das Tautologische Denken Heideggers*, Bonn: Bouvier Verlag, 1982.

Löwith, Karl, *Heidegger, Denker in dürftiger Zeit*, Stuttgart, 1984, S. 233.

Magliola, Robert R., *Phenomenology and Literature: An Introduction*, West Lafayette, Indiana: Purdue University Press, 1977.

Marx, Werner, *Heidegger und die Tradition*, Stuttgart: Kohlhammer, 1961.

Müller, Max, "Martin Heidegger: Ein Philosoph und die Politik," (ein Gespräch mit Max Müller) *Freiburger Universitätsblätter*, Heft 92, Juni, 1986, S. 13–31.

Neske, Günther (ed.), *Erinnerung an Martin Heidegger*, Pfullingen: Günther Neske, 1967.

Pöggeler, Otto, *Der Denkweg Martin Heideggers*, Pfullingen: Günther Neske, 1963.

Richardson, W. J., *Heidegger: Through Phenomenology to Thought*, The Hague: Martinus Nijhoff, 1974, p. 675.

Rioux, Bertrand, *L'Être et la vérité chez Heidegger et Saint Thomas d'Aquin*, Montréal: Presses de l'Université dè Montréal, 1963.

Sallis, John, *Heidegger and the Path of Thinking*, Pittsburgh: Duquesne University Press, 1970.

Sartre, J.-P., *Being and Nothingness*, London: Methuen, 1957.

Sartre, J.-P., "Existentialism is a Humanism," in Walter Kaufmann, *Existentialism from Dostoevsky to Sartre*, Cleveland, Ohio, 1956, pp. 287–311.

Schneeberger, Guido (ed.), *Nachlese zu Heidegger*, Bern, 1962.

Sheehan, Thomas (ed.), *Heidegger: The Man and the Thinker*, Chicago: Precedent Publishing, Inc., 1981.

Siewerth, Gustav, *Das Schicksal der Metaphysik von Thomas zu Heidegger*, Einsiedeln: Johannes Verlag, 1959.

史太格 (Staiger, Emil) 著，陳公月譯，〈時間與詩人的想像〉，《哲學與文化月刊》

第十五卷第三期，民國七十七年三月，頁 205–209。

Tymieniecka, Anna-Teresa, "Poetica Nova: The Creative Crucibles of Human Existence and of Art," Part I, The Poetics of Literature, A.-T. Tymieniecka (ed.), *The Philosophical Reflection of Man in Literature*, pp. 1–93, Dordrecht: Reidel, 1982. 此書有中文簡介：項退結，〈介紹一本藝術哲學新書〉，《哲學與文化月刊》第十卷第八期，民國七十二年八月，頁 574–576。

Weizsäcker, C. Fr. von, *Der Garten des Menschlichen*, München: Hanser Verlag, 1978.

Welte, Bernhard, "Denken und Sein: Gedanken zu Martin Heideggers Werk u. Wirkung," *Herder Korrespondenz 30*, Heft 7, Juli, 1976, S. 373–377.

三、其他重要書籍

Aquinatis, S. Thomae, *De Ente et Essentia*, Roma: Typis Pont Universitatis Gregorianae, 1950.

Aquinatis, S. Thomae, *Summa Theologiae*, Torino: Marietti, 1940.

Bontadini, Gustavo, *La funzione metodologica dell'unità dell'esperienza*, M. F. Sciacca, *Filosofi Contemporanei*, Milano: Marzorati, 1946, pp. 159–193.

Cassirer, Ernst (ed.), *The Renaissance Philosophy of Man*, Chicago: The University of Chicago Press, 1948.

Chadwick, Henry, *Boethius: The Consolations of Music, Logic, Theology, and Philosophy*, Oxford: Clarendon Press, 1983.

Coreth, Emmerich, *Metaphysics* (English edition by Joseph Donceel), New York: Heider and Herder, 1968.

Descombes, Vincent, *Modern French Philosophy*, Cambridge: Cambridge University Press, 1982.

Félicé, Albert, et Antoine de Coninck, *Cours de Métaphysique*, Tome I, Paris: Editions Beatrice-Nauwelaerts, 1971.

Jacobi, Jolan, *Die Psychologie von C. G. Jung*, Zürich: Rascher Verlag, 1949.

Jung, Carl Gustav, *Psychologische Typen*, Zürich: Rascher Verlag, 1949.

黑格爾 (Hegel)，《歷史哲學》，北京：三聯書店，1958。

Kant, Immanuel, *Kritik der praktischen Vernunft*, Stuttgart: Philipp Reklam, Jun., 1961.

祁克果 (Kierkegaard)，《祁克果的人生哲學》，香港：基督教輔僑出版社，1963。

呂 (Lee) 漁亭，《羅洛‧梅的人文心理學》，臺北：輔仁大學出版社，民國七十二年。

Ruitenbeek, Henrik M., *Psychoanalysis and Existential Philosophy*, Toronto: Clarke, Irwin and Co., 1962.

Vries, Josef de, *Grundbegriffe der Scholastik*, Darmstadt: Wissenschaftliche Buchgesellschaft, 1980.

西文人名索引

中文專門名詞索引

西文專門名詞索引

班雅明

馬國明　著

班雅明受批判理論影響，反思社會現實中人未竟的價值，這點體現在他洗鍊的文字之中。蘇珊·桑塔格評論班雅明的寫作風格是「巴洛克式的定格鏡頭」，他的每一字都是全神貫注的向內凝視，每一句都得表明一切。本書將班雅明的思想織成一段闡明班雅明思想的旅程，邀請讀者一同聆聽班雅明的思想與故事。

德勒茲

羅貴祥　著

德勒茲是法國戰後最重要的哲學家。有別於傳統，德勒茲關心的不是典型形上學問題，他視哲學為觀念的創造，因此他同樣關注科學與文藝，平等地把它們看作是創造新觀念的領域。本書五章分別探討德勒茲與西方哲學傳統的關係、他怎樣在舊語言找出新意義、如何運用精神分析解剖資本主義制度、在不同藝術中發掘新動力，以及他對歷史運動趨向的獨特理解。

老子——年代新考與思想新詮

劉笑敢　著

本書以概念的深層剖析和體系的有機重構為主要方法，探討老子哲學的本來面目與現代意義。作者認為老子哲學體系是以自然為中心價值，以無為為實現中心價值的原則性方法，以辯證法和道分別為自然和無為提供經驗性和超越性的論證。針對《老子》晚於《莊子》的觀點，書中從韻式、合韻、修辭、句式等方面詳細比較，為確定《老子》的年代提出了新的論證。

王陽明──中國十六世紀的唯心主義哲學家
張君勱 著；江日新 譯

張君勱是同唐君毅、徐復觀及牟宗三諸先生共倡「當代新儒學」的代表人物。為尋繹中國走向民主政治的問題及方法，張君勱的思想研究是一個重要的可能取徑。王陽明哲學的重新認取和發揮，則是了解張君勱思想的一個關鍵。本書是張氏全面論述陽明哲學的專著，內容深入淺出，能幫助讀者把握張氏在此方面的真正意圖及洞見，是研究張氏思想與陽明心學的重要著作。

硬美學──從柏拉圖到古德曼的七種不流行讀法
劉亞蘭 著

本書作者另闢蹊徑，擺脫以「唯美」的藝術作品來介紹美學的方法，反而從七個迥異的主題下手，藉由最「冷硬」、最尖銳的議題來挑動讀者的哲學神經。這些議題包括了對藝術體制的批判、藝術與詮釋問題、創作與靈感、解構藝術、藝術與性別／種族、藝術的本質等爭議，範圍除了涵蓋當代歐陸美學與分析美學兩大傳統外，也討論了美學史上重要的哲學家。

形上學要義
彭孟堯 著

哲學是人文的基礎，形上學是哲學的根基。本書介紹在英美哲學思潮下發展的形上學，解說形上學最根本的四大概念：等同、存在、性質、本質。在介紹的過程中同時也探討了「個物」以及「自然類」等概念。另外，基於形上學必定要探討這個世界的結構，尤其是這個世界的因果結構，本書特別對於因果關係進行一些說明。

柏拉圖

傅佩榮　編著

在傅佩榮教授的淺顯介紹中，柏拉圖《對話錄》之各類題旨愈發清晰，而文雅又精鍊的原文翻譯，也讓讀者得以欣賞柏拉圖行文風格與敏銳心智，並且跟隨柏拉圖的腳步，進入深刻的人生思辨。本書乃作者精心力作，以最清晰淺白的文字，帶領您進入兩千四百年前柏拉圖的世界，是掌握柏拉圖的最佳讀本！

西洋哲學史話（上／下）

鄔昆如　著

本書以編年史的形式，將西洋哲學歷史分為希臘哲學、中世哲學、近代哲學和現代哲學四個部分，清楚地解說每一時期的沿革發展，並選擇數個具代表性的哲學家或思想流派來介紹。以深入淺出的文筆，從繁榮到哲學之死，從黑暗到迎接曙光，帶你一起找到進入西洋哲學的門徑，一窺哲學世界的萬千風貌及深厚底蘊。

倫理學釋論

陳特　著

本書介紹了一些很基本的倫理學說，在其中，讀者可以看到道德對於個人和社會的各種意義與價值，亦即人之所以要道德的各種理由。希望讀者能透過這些學說，思索、反省道德對於人生所可能具有的意義與價值，以及在道德的領域中，我們的生命可能會產生什麼樣的變化，進而找到新的人生方向與意義。

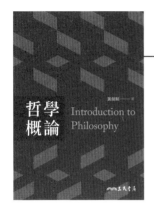

哲學概論

冀劍制 著

不同於傳統以訓練哲學專業為目標，本書作為哲學入門教科書，著重在引發學生興趣與思考。希望透過與哲學的簡單接觸，就能吸收養分，轉換成生活的智慧。本書另一項特點是廣泛介紹各種哲學議題，不偏重於任何特定主題的方式來規劃內容，並且在篇末設計了一些值得討論的問題，訓練學生的思考能力。

國家圖書館出版品預行編目資料

海德格／項退結著.－－四版一刷.－－臺北市: 東大,
2022
　　面;　　公分.－－（世界哲學家叢書）

ISBN 978–957–19–3296–5 （平裝）
1. 海德格(Heidegger, Martin, 1889-1976)
2. 學術思想 3. 哲學

147.72　　　　　　　　　　　　110018291

世界哲學家叢書

海德格

作　　　者	項退結
發 行 人	劉仲傑
出 版 者	東大圖書股份有限公司
地　　　址	臺北市復興北路 386 號 (復北門市) 臺北市重慶南路一段 61 號 (重南門市)
電　　　話	(02)25006600
網　　　址	三民網路書店 https://www.sanmin.com.tw
出版日期	初版一刷 1990 年 3 月 三版一刷 2015 年 5 月 四版一刷 2022 年 3 月
書籍編號	E140280
I S B N	978-957-19-3296-5

東大圖書公司